KB065182

성매매, 상식의 블랙홀

신박진영

1

일러두기

—본문에 * 표시된 용어들은 용어 사전에서 찾아볼 수 있다.

—일부 관용어는 현장에서 사용되는 비표준어 표기를 유지했다.

성매매, 상식의 블랙홀

신박진영

봄알람

차례

성매매가

너무

많다

서문

전화가 왔다. 모르는 번호였다. 전화기 너머 여성은 '윤락가' 안의 어느 업소에 있다고 했다. 지금은 성매매 집결지라 부르는 곳이다. 내게 도움을 요청한 그는 이곳에서 나가고 싶다고, 어찌해야 하냐고 물었다. 내가 성매매 여성 지원 관련 활동을 막 시작한 무렵이었다.

때는 2002년 여름. 나를 호출한 그를 찾기 위해 크게 요동치는 심장을 결연한 표정으로 위장하고 성큼성큼 업소 사이 골목을 걸어 들어갔다. 대낮의 햇살 아래 고요하게 가라앉아 있던 그 골목이 우리의 발걸음으로 한순간에 깨어났다. 텅 비어 있던 거리가 순식간에 수많은 눈동자로 가득 찬 것 같았고 나와 동료는 우리를 따라붙는 사람들의 고함과 욕설에 둘러싸였다.

경찰에 동행 요청을 했지만 누구도 믿을 수 없었기에, 현장에 도착하기 전까지는 구체적인 업소명과 방 번호를 알려주지 않았다. 경찰들은 우리 뒤로 멀찌감치 떨어져 걸어오며 알은체를 하는 업주들의 인사를 받았다. 밤이 되면 화려하게 차려입은 여성들이 구매자들의 선택을 받기 위해 대기하는 업소 전면의 유리방을 지나 안으로 들어갔다. 셀 수 없이 늘어선 방문이 촘촘히 들어찬 복도가 있었다. 지하부터 옥상 위까지 방으로 가득한 그곳에서 우리를 숨죽여 기다리던 여성을 만났다. '본방'이라 불리는 작은 방에는 레이스로 치장한 침대와 화장대가 놓여 있다. 침대 발치 바닥에 뒹구는 커다란 검은 가방에는 그가 몰래 싸놓은 옷과 자잘한 소품들이 들어 있다. 나는 그를 안심시키며, 짐을 잘 챙겨서 나가자고 말한다. 그와 함께 업소 입구로 나오면 밖에는 이미 소동이 벌어지고 있다.

“나가려면 조용히 나가지 이게 무슨 짓이냐.”

“돈은 갚고 나가야지, 누구 망하는 꼴 보려고. ✹✹년.”

“네 년들 때문에 일 잘하고 있는 년들까지 피해를 입는 거다.”

무수한 욕설이 우리를 둘러싼 누구의 입에서 나오는 것인지 일일이 확인할 시간 같은 건 없다. 서둘러 경찰차에 올라 경찰서로 간다. 욕하고 비난하던 이들은 대부분 다른 업소의 나까이*거나 여성들을 대상으로 장사를 하는 이들이다. 경찰에 가서 간단한 조사를 받는 동안 따라온 야쿠르트 아주머니가 자신이 받을 돈이 있다며, 갚지 않으면 못 간다고 주장한다. 이럴 때 실제 업주는 나서지 않는다. 다른 이들이 그들을 대리해 행패를 부리고 여성들을 위협한다. 남아서 지켜보는 여성들에게 쉽게 나갈 수 없음을 주지시키려는 본보기다.

보도방* 업주들의 위협에서 벗어나고 싶다고 상담하고 돌아갔던 여성들이 자정이 가까운 시간 내게 전화를 했다. 업주들이 찾아와 문을 열라 위협하고 있다고 했다. 긴급 신고를 하고 그들의 집 앞에 도착했다. 그 앞을 둘러싸고 있던 업주들은 우리를 보더니, 잘 아는 동생이 돈을 빌리고 ‘잠수’를 타서 찾아온 거라며 대화를 방해하지 말라고 했다. 오히려 경찰에 신고해야 하는 건 본

인들이라 말하고, 출동한 경찰에게는 더 큰소리치며 하소연을 한다. 경찰은 서로 잘 아는 사이끼리 좋게 말하라고 한다. 우리는 어떤 일이 벌어질지 모르니 안전을 보장해달라고 한다. 경찰은 아무 일도 벌어지지 않은 상황에서는 할 수 있는 것이 없다고 한다. 나는 경찰들을 향해 여성들을 데리고 이곳을 떠날 것이니 그것만이라도 보장해달라고 요구한다. 이동을 막는 것은 분명히 불법이니 말이다. 여성들을 찾아왔던 건장한 남자들은 거친 욕설을 내뱉으며 당장 위해를 가할 듯 둘러싸지만 차마 손을 대지는 못한다.

차량에 오르고, 천천히 출발시켰다. 경찰은 떠나고 우리 차 뒤와 옆으로 업주들의 고급 승용차가 따라붙는다. 공공병원 내에 있는 성폭력 피해자 긴급 지원센터로 간다. 그곳에는 여성 경찰이 24시간 상주하고 있다. 우리가 차에서 내리자 업주들도 차를 대어두고 우리와 같이 움직인다. 우리의 제지로 여성들에게 접근을 차단당한 그들은 센터 앞까지 따라 들어와 문 앞에서 저들끼리 일종의 협박성 대화를 하며 진을 치고 선다. 서너 시간을 지키고 있던 그들은 어느 순간 떠나고 없다.

✷

성매매 여성 지원 활동을 시작하고부터 수시로 벌어지던 일이다. 그후로 무수히 많은 곳에서 성매매 경험 여성들을 만났다. 장소는 성매매 집결지이기도, 방석집*

이기도, 안마시술소*나 티켓다방*이기도 했고 구치소나 교도소이기도 했다. 업주와 마주친 길거리이기도 했고, 업주에게 협박당하는 여성의 모부 앞이기도, 일본이나 호주의 어떤 곳에서 걸려온 낯선 전화이기도 했다. 그들을 만나며 여성들을 둘러싼 다양한 유형의 알선업자들, 경찰과 검찰, 성 구매자들 그리고 그 주변인들 또한 무수히 마주쳐야 했다. 협박과 납치, 폭력과 감금 같은 사건들이 성매매 업소 안에서는 마치 당연한 일상이자 규율처럼 벌어지는 것을 보면서 그동안의 한국이 도대체 어떤 곳이었기에 이런 지경이 되었나를 생각할 수밖에 없었다.

여성들에게 듣는 믿기지 않는 증언들을 토대로 성매매에 대한 실태 조사를 했다. 내가 살고 있는 인구 250만의 도시에 성매매 업소는 그 어떤 업종에도 견줄 수 없을 만큼 많았고, 추정 거래액은 지역의 웬만한 산업과도 비교할 수 없는 지경이었다. 많아도 너무 많았다. 물론 내 지역만의 문제가 아니었다. 전국의 어떤 곳이든 주택가나 상업 지구를 가리지 않고 길거리 구석구석, 사이버 세상까지 온통 성매매 홍보물로 넘쳐났다. 성매매 업소의 간판은 온라인과 오프라인을 가리지 않고 따라 붙어 한국에 살고 있다면 반드시 마주치고 만다. 이를 인식하자, 성매매가 '내 문제'가 아니라고 생각하며 살아온 나의 지난 시간들이 낯설었다.

알선업주에게 사기나 횡령으로 고소를 당하고 쫓겨 다니는 여성과 함께 경찰 수사를 받으러 가면 마치 업주를 대리하는 사람을 만난 느낌이었다. '탕치기하려고 도망간 거 아니냐' '너 같은 애들 때문에 업주들이 피해가 심하다' '성실히 일해서 집도 사고 그런 애들 많다, 네가 호빠 가고 성형수술하고 그러면서 빚진 것 아니냐'고 묻는 경찰 앞에서 그 업주가 얼마나 악독한지, 이 여성이 성 구매자들에게 얼마나 당했는지를 구걸하듯 읍소하며 여성들의 피해를 이야기해야 했다. 경찰의 마음을 돌려놓지 못하면 그때까지의 관례대로 여성들은 도주의 우려가 있다며 구속되어 재판을 받게 되기 때문이다.

여성들의 시각에서 현실을 마주하게 된 경찰들 중에는 자신이 그동안 업주들의 주장을 그대로 받아들이고 성매매 여성들에 대해 편견을 가지고 있었음을 인정하는 이들도 있었다. 그 누구보다 일선에서 업주들과 가장 긴밀하게 연결된 채 현장을 점검해온 이들이 경찰이다. 조금만 시각을 달리하면 당시 업주들의 횡포와 인권 침해 사실을 가장 잘 알 수 있는 이들이라는 뜻이다.

몇 번의 수사에 동행하며 나와 거의 논쟁에 가까운 입씨름을 했던 한 경찰은 '사실 조사계에 오는 사기 고소 건의 80퍼센트 이상이 선불금 사건'이라고 말했다. 업주들이 성매매를 시작하는 여성들에게 건네는 돈을 선불금*이라 하는데, 이 돈은 대부분 업주와 알선업자 등이 주고받으며 그 계산 방식도 알선업자들 마음대로였다. 막상 일을 하는 여성들은 차용증을 작성하고 함께 일하는 여성들의 연대보증까지 서지만 선불금을 직접 받아보지 못한 경우가 대부분이었다. 업소에서 업소로 이동할 때마다 이자와 소개료 등 수많은 비용이 얹어져서 선불금은 몇 개월 사이에 몇 천만 원에서 1억을 넘기기도 했다. 그러나 업주가 성매매 여성을 고소하면 이 모든 맥락은 삭제되고 여성들은 거액의 돈을 당겨 쓰고 도망친 '탕치기' 선수들로 몰린다. 선불금 때문에 스무 살도 되지 않은 여성들이 상습 전과자가 되어 있는 경우도 있었다.

2002년, 성매매 여성들을 만나고 지원하면서 직면하게 된 세상은 더 이상 내가 알던 그 세상이 아니었다. 여성들을 빚으로 옭아매는 수법들과 그로 인해 빚의 노예가 되어 성매매를 계속할 수밖에 없게 되는 구조도 그렇지만, 성매매라는 '일' 자체의 잔혹한 현실은 더 받아들이기가 어려웠다. 한 인간이 감당하기에 너무나 끔찍한 상황이 일상적으로 일어나고 있었는데 왜 나는, 우리는 몰랐던 것일까. 그걸 이해하기가 힘들었다. 내가 알고 지내온 수많은 남성이 이걸 알면서 묵인해왔다는 것, 심지어 즐기고 가담한 공조자들이었다는 것을 믿을 수 없었다. 성 구매자를 조사할 때 경찰들은 너무나 공손하게 그의 직장이나 사업에 피해가 갈까 염려했다. 검찰은 성매매 여성이 끝내 '못 하겠다'고 거절하자 그를 성폭행한 가해자(성 구매자)를 향해 '그럴 수밖에 없지 않았겠냐'고 공감을 표했다. 일말의 인류애조차 사라지는 현장을 계속 마주했다. 부패와 부정은 목격한 자에게 분노를 일으키고 단죄하고 말겠다는 강렬한 의지를 만들지만, 가해자에 대한 주변의 정서적 동조와 지지는 무력감을 느끼게 한다.

그렇게 활동을 시작한 지 거의 스무 해가 되어간다. 최초에 가졌던 공포와 분노를 해석하며, 수많은 질문에 답을 찾는 시간들이었다. 이 땅의 사람들이 성 구매에 특화되어 태어난 이들도 아닐 테고, 부부 간 섹스 횟수는 웬만큼 산다는 나라들 중에서 바닥 순위를 겨루고 있는데 왜 성매매는 이리도 많은가. 정치 민주화와 경제 발전의 신화를 이루었다고 자긍심을 가지는 이들이 왜 남성의 성욕이라는 '본능'에 대해서만은 문명화를 포기하고 그리도 자랑스레 굴복하는가.

한국의 현주소는 명백히 '성 구매 권하는 사회'다. 1980년대와 1990년대에는 중년 남성들의 돌연사가 많았다. 그럴 수밖에 없다. 폭탄주와 성 구매가 사업과 직장 생활과 남성 연대의 기본값이다. 여기서 버티지 못한 이들은 죽어서든 퇴출당해서든 연대에서 탈락되었다. 그리고 세포에 새겨진 이 생존 방식에서 파생된 울분은 이 사회와 남성 연대를 향하는 대신 성매매 여성에게 향한다.

반성매매운동과 성매매 여성 현장 지원 활동을 하며 특히 오랫동안 고민이 머무른 지점은, 인권의 측면에서 상반된 가치들이 충돌할 때 성매매 여성이 힘을 부여받고 자신의 권리를 행사하는 최선의 방식이란 무엇인가였다. 예컨대 정치적 올바름이 여성 개인의 생존과 부딪힐 때 옳고 그름만으로는 사태를 판단할 수 없다. 매 순간 어떤 입장을 가질 수는 있었지만 현실적으로 완벽한 답이란 존재하지 않았다. 그 시간들을 통과해 지금의 나는 성매매는 사업도 직업도 아니며 결코 이를 '노동'이라 부를 수 없다는 최소한의 선(경계)을 가지게 되었다. 이 책은 그 최소한의 선을 찾아가며 만날 수밖에 없었던 질문들에 대한 답이다.

먼저 책상 앞에 앉아 성매매를 연구하고 정책을 논하는 이들에게 답하고 싶었다. 아니, 현장에서 수없이 답해왔다는 걸 알리고 싶었다. 성매매는 가치중립적이고 단지 몇몇 관련된 인물이 나쁠 뿐이라는 주장들, 법으로 처벌하지 않아도 제대로 관리만 하면 괜찮을 거라는 이들, 성매매 관련해 참혹한 뉴스가 열거하기도 힘들 만큼 이어지는데도 그것이 '일부'의 일이라고 말하는 이들, 현장을 보지 않고 현장의 문제를 축소하면서 마치 자신들이 성매매 여성들에게 가장 관대한 양 훈계하는 이들……. 시대착오적 성도덕에 사로잡혀 남성들을 적대시하는 여성운동이 성매매 여성들에게 낙인을 찍는다는 '여적여' 프레임도 흔하다.

둘째, 성매매에 대한 몰상식한 통념에 답하고 싶었다. '단속하면 음지화되어 더 심각해질 뿐이다' '성매매를 금지하면 성폭력이 늘어난다' '성매매는 가장 오래된 직업이다' 등의 주장은 너무나 비논리적임에도 이상하다는 의심조차 들지 않을 만큼 반복되어왔다. 집단 마비라도 된 듯, 많은 사람이 이 통념 앞에서 생각을 멈추는 것 같다. 이토록 몰상식한 말들이 배운 사람들의 식견 있는 주장으로 끊임없이 되풀이되며 여전히 막강한 힘을 행사한다. 힘을 가진 이 퇴행의 수사는 현실을 무력화시키고 오직 한 가지 주장에 수렴된다. '성매매여 영원하라. 더욱 번성하라.' 나는 이것을 멈추고 싶다.

셋째, 성매매를 '성 노동'이라고 말하는 편이 당사자들의 권리를 위하는 일이라 주장하는 이들에게 답하고 싶었다. '반성매매운동은 여성운동의 대의를 위해 성 노동자를 갈아버리는 것'이라고 여기는 성매매 당사자 여성도 있다. 일부 여성주의자들은 성매매 '행위'를 '피해'로 치환하는 것이 성매매 여성들을 수동적 존재로 만든다고 비판한다. 나아가 '성 노동'은 쾌락을 생산하는 것으로서 오히려 성적 자유를 실천하는 운동이 될 수 있다는 주장도 있다. 반성매매운동이 여성들을 피해자라는 협소한 프레임에 묶어두고 그들의 생존을 위협한다는 것이다. 2002년의 나는 그들의 주장에 귀 기울였다. 당장 현장이 지옥이었기에 『성매매방지법』이 제정되고 극단적 착취의 문제들만 해결되면 생산적 논의를 할 수 있을 거라 생각했다. 성매매 규모가 거대한 만큼 그 안에서 하루하루 생존하는 수많은 당사자가 있는데 어떻게 간단히 '성매매는 안 된다'라고 말할 수 있겠는가. 당장 할 수 있는 일을 생각하기 힘들 만큼 거대하고 막막한 벽 앞에 선 당사자들이 '원한다는데' '내가 뭐라고'. 이 현장에 발을 들여놓지 않았더라면 그들의 선택을 지지하고 성매매 여성들이 권리를 행사할 수 있도록 하는 방향이 옳다고 여겼을지 모른다. 하지만 그간의 경험과 시간을 통해 나는 현재의 입장에 섰다.

반성매매 여성운동은 성매매 여성들을 단지 지원의 대상이나 증언자로 만나지 않으려 했다. 성매매 경험 당사자 활동가이자 반성매매 운동의 동지로 성매매의 실체를 해석하고 더 나은 방향으로 나아가기 위해 함께해왔다. 개인이 아닌 사회구조적 문제로 자신과 성매매의 관계를 해석하는 당사자운동의 주체들이 있다. 그들은 "성매매는 착취일 뿐 절대 노동일 수 없다"고 말한다. 성매매를 노동이라고 말하는 순간 착취는 그저 개인이 감당해야 할 일이 된다. 성매매 안의 착취적 본질은 악당 같은 포주와 특별히 폭력적인 몇몇 구매자만 제거하면 사라지는 것이 아니다. 성매매가 곧 성 착취다.

현실에 압도당해 감정적으로 휘몰아치는 시간이 이어질수록 더 담담하게 해답들을 찾으려 했다. 현장의 현실을 극단적인 일례로 치부하고 눈을 가리는 이들에게 성매매 현장은 늘 극단적일 수밖에 없다는 걸 어떻게 전달해야 할지 몰라 전전긍긍하기도 했다. 피해를 서술하는 일이 그 피해를 즐기고 전시하는 마조히즘처럼 매도되고 실제 피해가 누군가에게는 쾌락의 서사가 되는 것을 염려하여 어느 순간인가부터는 내가 경험한 피해 사례조차 언급하지 않으려 했다. 피해 사실의 증언이 가해의 증거가 아니라 어떤 이들의 위락이 되는 놀라운 역설, 당사자가 자신이 당한 일에조차 입을 다물어야 하는 현실, 이게 누구를 위한 것인가. 피해의 현장에서 불편함에 눈 돌리는, 귀를 닫는 이들은 그래서 누구인가.

우리는 늘 경계에 선다. 더 자극적인 피해 현실로 사람들의 이목을 잡아끌어야 한다는 유혹과 피해의 진상을 있는 그대로 드러내 현실에 직면토록 해야 한다는 진정성에 대한 재단에 위축되지 않으려 애쓰며 이제 말을 건네려 한다. 성매매는 한국 사회에 실재하는 거대한 상식의 블랙홀이며, 우리 모두의 문제다. 이런 세계에서 입장 없음의 입장을 견지한다면 결국 현 상황의 방관자가 될 뿐이다. 이 책이 현실에서 가져야 할 선을 각자의 자리에서 정하는 데 도움이 되길 바란다.

신박진영

1장

성매매라는 상식의 블랙홀

성매매가 뭐가 문제야?

"『성매매특별법』 시행으로 18세부터 30세까지의 결혼 적령기 성인 남성들은 무려 12년 동안이나 성 욕구를 풀 길이 없어졌다"(2004), "성욕 왕성한 남자들이 사는 나라에서 성을 사는 것은 나쁜 짓이니 억제하라고 아무리 훈육을 한들 통할까"(2010), "필리핀서 성매매 적발, 한국인 남성 9명 성욕 못 참아"(2017). 이와 같은 서술은 유구한 역사를 자랑한다. 남성의 성욕은 참을 수 없는 본능이며 야동을 못 봐서, 성매매를 금지해서 성폭행을 하는 거라고 말한다. 국회의원이, 재판관이, 논설위원이, 교수들이 공식 자리에서 '성욕은 안 참는 게 아니라 못 참는 거'라고 주장한다. 여전히 이런 주장이 힘을 발휘하고 또 지속되는 이유는 무엇일까.

"'야동 막아서 성폭행 할 수밖에' n번방 피해자 울리는 막말들"(2020).[1] 최근의 기사를 보아도 수준은 변하지 않았다. "원래 남자는 성욕 여자는 물욕이랬다" "아몰랑~ 야동 규제해서 협박하고 할 수밖에 없었어" 등등. 기사와 댓글에 사용된 언어는 실로 끔찍하지만, 이는 '막말'이라 칭하기도 새삼스러울 만큼 오래된 이 사회의 사고 틀이다. 그리고 이러한 말들이 비난받을 때마다 '성매매 여성들의 생존권'이 슬며시 화제로 끼어드는 것 역시 오랜 일이다. 성매매는 여성들에게도 필요하고 그들도 원해서 그것을 선택했다고, 마치 그 여성들을 위해 성매매가 존재해야 한다는 듯 말한다. 성매매 논의에서 '남성의 본능 수호'와 '성매매 여성의 자율 수호'는 한 쌍처럼 붙어 다녔다.

> 정조를 상품으로 삼는 이외에 아무런 생활 수단도 배운 것이 없고 능력도 없고 후원도 없는 그들이다. 갑자기 어느 회사의 여사무원이 된달 수도 없고 써주는 회사도 있을 리 없고 바느질을 배웠으니 침모가 되나, 반찬을 할 줄 아니 식모가 되나, 되고 싶으니 써줄 집이 있나 …… 그야말로 몽땅 감옥에라도 쓸어 넣어 이런 에로당을 완전히 소탕했다고 치자. 그러나 이런 여인의 육신을 일시의 상품으로나마 사야만 할 기회조차 없으면 안 되는 독신 노동자 빈민은 어떻게 할 것인가(오기영, 「공창」 중).

위 글이 발표된 것은 1946년이다. 일제 강점기 해방 직후 온 민족이 한마음으로 독립의 기쁨을 나눌 때에도 성매매 여성들은 열외였다. 이들은 빈민 계층 독신 노동자의 성욕 해소를 위해 계속 '공창'에 남아주어야 했다. 또한 이는 정조 외에는 팔 것이 없는 여성들을 위함이기도 하다는 논리다. 이 주장은 지금까지 그대로 이어지고 있다.

유명무실한 불법화

『윤락행위등방지법』이 제정된 1961년부터 2004년 『성매매방지법』[2]이 새로이 제정되고 지금에 이르기까지 대한민국에서 성매매는 불법이라 규정되었다. 하지만 불법임을 의식하는 이가 과연 있기나 한가 싶을 만큼 그때나 지금이나 성매매는 도처에 있다. 성매매는 '피해자가 없는 범죄'이며 『성매매방지법』은 '자유의지와 도덕의 차원으로 다루어야 할 성적 영역을 처벌과 계도로 다루려는 후진적 법률'이라는 주장이 여전히 정치적 입장과 상관없이 유효하다.

『윤락행위등방지법』은 명칭에서부터 무엇을 타깃으로 하는지가 분명하다. 그에 붙는 파생 단어는 '윤락녀' '윤락가'다. 미풍양속을 해치는 행위에 대한 규율이다. '보호할 가치가 없는 정조'[3] 운운하던 시대에 '윤락 여성'들의 위치가 어떠했을지도 예상 가능하다. 『성매매방지법』은 '윤락'이라는 단어를 '성매매'로 전환하며 알선 행위 등 '거래'에 방점을 찍고자 했다. 『성매매방지법』이 제정되면서 성매매를 둘러싼 공식적 용어가 이전 시대에 비해 좀 더 중립적인 다양한 버전을 갖게 되었다. 기존의 『윤락행위등방지법』은 주로 여성을 중심으로 도덕적 낙인을 찍는 성차별적 용어였다. 성매매되는 여성들을 사회적으로 윤락녀, 창녀 등으로 호명하다가 1980년대부터 인신매매 등의 횡행으로 여성 인신에 대한 착취가 사회적 문제로 부각되면서 거래에 방점을 둔 매춘, 매매춘이라는 용어가 등장하기도 했다. 이 용어는 성매매 행위 또는 성매매 여성을 '춘(春)'으로 지칭한 점에서 다분히 문제적이었다. 성매매 안의 여성들을 사고하는 방법을 바꾸지 않고는 성매매의 본질적 성격을 규명할 만한 이름 붙이기는 해결될 수 없다. 지금은 '성매매 여성'과 '성 판매 여성'을 주로 사용하지만, '성 판매 여성'은 '판매'하는 여성의 자율성을 부각하여 성매매를 사회적 구조 속에 놓이는 총체적 틀에서 볼 수 없도록 만든다. 이 책에서는 이름 붙이기를 정치적 행위로서 무겁게 받아들이며, 현실적으로 가장 논란의 여지가 적다고 판단되는 '성매매 여성'이라는 호칭을 사용한다.

2000년대부터는 여성운동이 성매매에 본격 개입하며 이를 '성 착취'로 재개념화하기 시작했다. 여성들 사이에서도 스스로를 검열하며 성매매 여성이라는 낙인을 심화하는 경향이 여전하다. 하지만 2016년 강남역 살인 사건으로 여성혐오가 화두가 되면서 여성들의 거침없는 발화가 본격화되었다. 여성의 입을 막기 위해 쓰이는 여성 대상 멸칭을 미러링하는 운동의 결과 2017년 '#나는_창녀다'라는 해시태그까지 등장했다. 하지만 상징적으로 이를 되받아칠 수 있는 이들의 존재와 실제 성매매 여성들이 이를 받아들이는 일 사이에는 괴리가 있다. 동시에 거대한 성매매 시장의 논리에 따라 남성의 시선에서 모든 여성을 창녀화하는 프레임도 흔하다.

여자는 다 창녀다?

> "데이트할 때 받는 것이 당연한 여성들의 태도는 넓은 의미에서 매춘이다."
> "결혼도 성매매와 같다."

성차별적 사회 안에서 자원의 기울기는 언제든 여성을 남성에게 종속시킨다. 자원은 돈에만 있지 않다. 여성을 창녀라는 프레임 안에 둘 수 있는 것은 여성이 결국 남성의 소유물이라는 전제 때문이다. 한 남성의 딸, 아내, 어머니라는 여성 고유의 역할에 순종하는 것이 마땅한 존재임에도 이 역할을 거부하는 여성을 '창녀'라 부르며 응징한다. 우리 사회는 실재하는 거대한 성매매 시장의 논리에 따라 일상의 여남 관계조차 성매매로 상징화한다. '된장녀'나 '김치녀'는 창녀의 다른 버전이다. 남자들 일하는 시간에 명품으로 치장하고 비싼 커피를 마시는 여성의 이미지는 성매매 여성과 동일한 선상에 있다. 그들은 아버지나 남자친구 또는 남편이 고된 노동으로 돈을 버는 동안 그 돈을 탕진하는, 손가락질받아 마땅한 이들이다. 실제 세계에서 벌어지는 일과는 상관없이 모든 여성은 일단 창녀의 혐의 안에 있다.

김기덕 감독은 2018년 성폭력 피해를 방송에서 증언한 여배우를 상대로 무고와 명예훼손으로 소송을 제기했다 패소했음에도 2019년 다시 이 방송과 배우에게

10억 원의 손해배상 청구소송을 제기했다. 그의 영화에서 주요 여성 캐릭터는 늘 창녀였다. 2002년 개봉한 「나쁜 남자」는 그 절정에 있는 영화였고 2004년 작 「사마리아」는 지금으로서는 절대 나올 수 없는 영화다. 「나쁜 남자」는 대학생을 납치해 창녀로 만들고, 성매매하는 모습을 숨어서 지켜보고, 그 여성을 사랑한다며 이동식 성매매 업소를 만들어 함께 다니는 깡패의 이야기다. 여주인공을 맡았던 배우는 영화를 찍으면서 '영혼을 다쳤다'는 인터뷰를 남기고 사라졌다. 「사마리아」는 여기서 더 나아간다. 성 매수자들을 섹스로 구원해주려는 청소년이 등장한다. 포스터에는 전라의 주인공이 수녀복을 암시하는 두건을 쓰고 있다. 이런 이야기를 신선하고 파격적이라며 소비하고 상을 주는 이들이 있었다. 「나쁜 남자」가 개봉된 2002년은 성매매 여성들이 화재 참사를 당해 그동안 사회가 외면하고 방치했던 성매매 현장이 대중 앞에 충격적으로 드러났던 때다. '성은 본능' 운운하던 국회조차 현실에 입을 닫고 『성매매방지법』을 거의 전원 찬성으로 통과시켰다. 이런 사회 분위기 속에서도 그의 영화는 개봉되고 국제 영화제에 출품되었다. "너라고 별 수 있어, 여자는 다 창녀야!" 「나쁜 남자」의 잊지 못할 대사다.

하지만 얼마나 진부한 이미지인가. 노벨문학상까지 받은 콜롬비아 출신의 대문호 가브리엘 가르시아 마르케스의 『내 슬픈 창녀들의 추억』은 평생 돈을 주고 여성을 사고, 90세 생일에 숫처녀와 자기 위해 알선업자를 사주해 14살 여성을 만나려는 주인공을 그린다. 처녀와 창녀, 남성의 판타지 속에서 수천 년간 끊임없이 재생산된 동정녀 마리아와 창녀 마리아의 변주다.

이 이율배반의 이미지가 여전히 한국을 지배한다. 이에 저항하는 여성들은 성매매를 페이강간, 즉 지불된 강간이라 외친다. 미투운동과 함께 탈코르셋을 실천하는 여성들은 남성 중심적 시선과 성적 대상화로부터 전력으로 벗어나기 시작했다. 남성들은 이런 '메갈' '페미녀'들을 조롱하는 동시에 여자는 다 창녀고 꽃뱀이라 말한다. 대상화되지 않으려는 페미녀도 그들이 대상화하는 창녀도 모두 증오의 대상이다. 그리고 한편으로는 성 구매를 한다. 성매매는 '도시의 하수구'라며 성매매 여성을 정화의 도구로 호출하고 「늙은 창녀의 노래」[4]에서 삶의 영감과 위로를 받는다는 남성들은 대체 누구를 증오하고 무엇을 찬양하는 것인가. 스스로의 능력으로 살아가는 여성들을 끌어내리지 못해 안간힘을 쓰고 여성을 구매할 수 있는 위치를 지키기 위해 그토록 애쓰면서 동시에 여성들을 창녀라 낙인찍을 수 있는 그 자리는 어떻게 만들어진 것일까?

2017년 단양 장회나루에 퇴계 이황과 관기 두향의 사랑 이야기를 담은 공원이 만들어졌다. 이 공원에는 중년의 이황이 거문고를 타는 두향을 선 채 내려다보는 모습의 조형물이 있다. 신분과 나이를 뛰어넘는 슬픈 사랑 이야기라고 소개하지만 이건 역사적 사실이 아니다. 흔히 조선시대에도 성매매가 있었다며 기생을 들먹이지만 조선시대 기생은 노비 신분으로 관에 소속된 이들이었다. 이들은 노비였기에 생애 기록이 남아 있는 이가 드물다. 실제로 태어나고 죽은 기록조차 없는 19살 기생 두향과 정치적 난국을 피해 약 9개월간 단양에 머물렀던 48세 이황의 이야기는 후대에 지어진 소설 속 이야기다. 그런 그들이 애틋한 사랑의 주인공으로 가공되어 21세기 한국에 등장한 것이다. 이 공원을 만드는 데 단양군은 2억여 원의 예산을 들였다. 신분제 사회에서 절대적 생사여탈권을 쥔 지배 계급의 나이 많은 남성과 10대 노비 여성 간의 교류를 아름다운 사랑이라 칭송하며 그만한 예산을 들여 조형물로 복원하는 사람들의 심리가 궁금하다. 어디선가 수없이 본 듯한 구도가 아닌가.

일본에서 들여온 '원조교제'라는 말을 '청소년 그루밍 성범죄' '청소년 성 착취'라 재명명하며 사회적 문제로 가시화하는 시대에 여전히 사실조차 아닌 이 같은 이야기를 사랑으로 포장해 전시한다. 역사적 사실이라 해도 비판적으로 해석되어야 할 내용을 선택적으로 되살려내는 행태에는 지금 사회 기득권의 인식이 담겨 있다. 현실의 성매매가 역사마저 왜곡하여 보고 싶은 대로 각색해 전시하는 것이다. 그리하여 사람들은 '스토리텔링 문화사업'으로 이 조형물을 소비하고, 여전히 아동·청소년 그루밍 성범죄자들은 '사랑했다' '사귀는 사이였다'는 변론을 내뱉으며, 재판부는 그 애절한 변명에 손을 들어주는 것이다.

성매매를 금지해서 성매매가 늘어났다?

성매매를 금지하니까 성폭력이 늘어나고, 성매매를 금지하니까 n번방이 생기고, 성매매를 금지하니까 음성화돼서 관리 단속이 어려워지고, 성매매를 금지하니까 풍선 효과로 성매매가 주택가까지 침투하며…….

이는 놀랄 만큼 많은 이가 진정으로 찬동하며 여전히 통념처럼 반복되는 주장들이기에, 잠시 짚고 넘어가고자 한다. 우선 법으로 금지하고 단속하니 음성화된다는 주장부터 보자. 일단 범죄 행위가 음성화되는 것은 당연한 일이다. 경찰조차도 입버릇처럼 '음성화돼서 단속이 어렵다'며 단속을 어렵게 하는 성매매방지법이 문제인 양 말한다. 양지로 끄집어내 규율해야 하는 범죄란 대체 무엇이란 말인가. 하지만 그렇다면 청량리, 미아리, 완월동 같은 오래된 성매매 집결지는 무엇인가. 이곳들은 성매매 불법화 이후에도 오래도록 버젓이 늘어서 있었다. 경찰이 원하는 쉬운 단속대상이 이런 장소를 말한다면 '윤락가' '집창촌'이라 불리던 곳들은 어떻게 그토록 오랫동안 존재했는가. 성매매 불법화 때문에 음성화되고 단속이 어렵고 성매매가 늘어난다는 모든 주장은 터무니없다. 만약 법으로 금지했는데도 줄지 않거나 오히려 늘어난다면 그건 법이 작동하지 않기 때문이다.

성매매를 법으로 금지해서 음성화되었다고 볼멘소리를 하는 사람들이 정작 하고 싶은 말은 이것이다. '성매매는 절대 막을 수 있는 게 아니야. 그러니 그냥 놔둬.' 『성매매방지법』 제정 이전, 대규모 업소들이 늘어선 성매매 집결지에는 손님이 끊이지 않았고 건물주를 비롯한 업주들은 엄청난 돈을 벌어들였다. 지금 남아 있는 성매매 집결지도 많이 축소되긴 했지만 여전히 단속이나 폐쇄 조치에 저항하며 오히려 공권력을 향해 협박성 발언도 마다하지 않는다. 경찰은 집결지 단속이 어렵고 함부로 할 수 없다고 말하며, 지자체는 폐쇄를 위해 업주들과 협상하는 과정에서 그들에게 막대한 부동산 개발 이익을 약속하기도 했다. 한번 자리 잡고 양지에서 융성했던 사업주들은 이미 지역사회에서 힘을 가지고 있으며 그들의 영업권과 생존권 보장을 내세운다.

한 토론회 자리에서 경찰이 음성화 때문에 성매매 단속이 어렵다고 말했다. 그러나 정작 발표한 자료를 보면 경찰이 단속해온 대상은 성매매 집결지나 유흥주점의 2차같이 드러내놓고 하는 곳이 아닌 오피*나 마사지방, 온라인 성매매처럼 그들의 구분대로 '음성화된' 곳들이었다. 풍선의 한 곳을 누르면 다른 곳이 부풀듯 집창촌을 폐쇄하면 성매매가 다른 곳으로 퍼져 나간다는 '풍선 효과'도 마찬가지다. 풍선 효과는 성매매 집결지 폐쇄를 요구할 때 가장 많이 듣는 반대 근거다. 대구 성매매 집결지 자갈마당 폐쇄 작업이 진행될 때 '사이버자갈마당'이라는 용어가 등장했고 주위 지역으로 업소들이 확산된다는 기사가 연이어 쓰였다. 논리적으로, 정말로 풍선 효과 때문에 성매매 업소가 늘어나고 변종 형태의 성매매가 생겨나는 것이 걱정이라면 더 단호하고 효과적인 단속을 고민해야 한다. 그러나 이들의 주장은 '풍선 효과가 염려되므로 성매매 집결지를 그대로 두어야 한다'로 이어진다. 진심으로 성매매 금지로 인해 성매매 시장이 늘어나 내 이웃에 업소가 생길 것을 염려해서 이렇게 말하는 이들이 있다면 '이미 당신 이웃에 업소가 있다'는 말밖에는 해줄 수가 없다. 학교 운동장, 아파트 주차장마다 성매매 홍보 카드가 쌓여 있고 도로변에 성매매 알선 포스터가 즐비한 것이 벌써 오래전부터의 일이다. 활동가와 자원봉사자들이 불법 성매매 전단지 수거를 위해 모텔과 유흥가 일대를 돌고 있으면 커다란 검정색 승용차가 미행한다. 부지런히 홍보물을 뿌리던 이들로부터 위협을 받기도 했다. 현행법상 분명 불법인 홍보 전단을 배포하고 부착하면서도 그들은 거칠 것이 없다. 이런 홍보물은 조직적으로 뿌려지고 관리된다. 시민들의 민원으로 지자체에서 나서서 1톤 트럭의 짐칸마다 가득 수거해도 바로 다음날 그 홍보물들은 같은 자리에 다시 그대로 들어차 있다. 우리가 조치를 요구하자 불법 광고물 수거 담당 공무원은 자신들도 할 짓이 아니라며 하소연을 했다.

온라인과 오프라인, 사람들이 모이는 어디든 넘쳐나는 성매매 홍보물만으로도 한국의 다종다양한 신·변종 성매매 업소의 종류를 가늠할 수 있다. 안마받으며 성매매하고, 차 마시며 성매매하고, 목욕하며 성매매하고, 컴퓨터하다 성매매하고, 이발하다 성매매하고, 숙박업소에서 성매매한다. 성매매 집결지 한 곳의 폐쇄는 전체 성매매 시장 규모에 비추어 그다지 큰 비중을 차지하지 않는다. 그럼에도 주목을 받는 것은 완월동, 미아리 같은 성매매 집결지가 '전통적' 유형이기 때문이다. 오로지 성매매를 위해 만들어지고 유지되는 이런 곳조차 폐쇄하지 못하는 공권력의 규제 능력을 문제 삼고 단속을 강화해야 할 일이다.

2013년 연예병사로 복무했던 유명 스타 두 명이 6.25 전쟁 기념행사를 마치고 안마시술소에 출입한 게 알려져 공분을 산 일이 있었다. 군에서는 이들이 치료차 간 것이라 발표했지만 누구도 그렇게 생각하지 않았다. 의료법에 의해 안마사 자격은 시각장애인만이 가질 수 있고, 안마시술소는 안마사 자격이 있는 사람이 운영할 수 있다. 하지만 검색 사이트에 안마시술소를 입력하면 청소년에게 부적합한 내용을 포함하고 있으니 전체 검색 결과를 보려면 성인 인증을 받으라는 메시지가 뜬다. 통합검색 내용에는 성매매 홍보와 성 구매 후기가 올라온다. 2016년 마사지 숍 성폭행으로 고소당했던 연예인은 재판 과정에서 성매매를 한 것으로 밝혀지기도 했다. 같은 해에 유명 K-pop 가수가 유흥주점 여성들에게 연달아 성폭행을 한 혐의로 고소당했다. 이 건에서도 가해자는 성폭력이 아닌 성매매라고 주장했다.

이미 우리는 너무 잘 알고 있었다. 성매매 집결지 외에 수많은 변종 성매매 업소가 일상적으로 퍼져 있다는 것을. 그러나 풍선 효과를 말하는 이들은 그런 업소들이 『성매매방지법』으로 인해 어느 날 갑자기 생겨난 것처럼 얘기한다. 『성매매방지법』 제정 10주년이던 2014년 『신동아』에는 "상상 그 이상의 풍선 효과"라며 다음과 같은 기사가 실렸다.

> 그로부터 10년이 지난 지금, 풍선 효과는 명백한 사실로 입증됐고, 성매매 단속은 더욱 어려워지고 말았다. 특히 각종 신·변종 업소가 우후죽순으로 생겨나면서 유사 성매매 업소들이 세분화하고 자가발전하는 부작용까지 초래했다. 집창촌에서 일하는 성매매 여성은 크게 줄었지만, 그 대신 '프리랜서 성매매 사업자'들이 밤거리를 종횡무진한다. (…) 오피방은 결국 특별법 시행 이후 해당 업계에서 빅히트 '명품'으로 떠올랐다. 그리고 이때부터 이미 걷잡을 수 없는 풍선 효과의 기미가 나타나기 시작했다.[5]

모르고 쓴 것이라면 실태 파악 없는 순진한 주장이고, 알고도 이렇게 쓴 것이라면 악의적이다. 1980~1990년대 관광호텔에 가면 남성 전용 사우나가 있었다. 당시 나는 그게 너무 이상하다고 생각했다. 목욕은 여성들이 더 좋아하는 것 같은데 왜 호텔에 남자 목욕탕만 있는지. 그것이 터키탕*이라 불리는 성매매 업소였음을 알게 된 것은 터키 대사관에서 정식으로 문제 제기하여 그 명칭이 증기탕으로 바뀌면서였다. 『성매매방지법』 제정 이전 수많은 '퇴폐 이발소'가 조직형·기업형으로 운영됐고, 명절에는 성매매 집결지에 방이 모자라 업주들이 인근 모텔까지 빌려 영업을 했으며, 여관발이 성매매와 목욕탕 성매매는 24시간 영업이 돌아갔다. 낮 시간에도 근무 중 잠시 '쉬러' 오는 사무직 남성들로 늘 북적였다는 게 당시를 경험한 성매매 여성들의 증언이다. 확언할 수 있는 것은 당시부터 한국의 성매매는 남성들이 받는 모든 서비스 업종에 부차적으로 제공되는 형태였다는 것이다. 남성들이 가는 곳 어디든 성매매가 가능하도록 세팅되어 있었다 해도 과언이 아니다. 성매매는 이미 남성들의 일상이었다. 『성매매방지법』 이후 "신·변종 성매매 업소가 우후죽순으로 생겨났다"는 표현은 특정 의도를 갖고 사실관계를 등진 채 펴는 억지 논리다. 음지에서 팽창하는 성매매를 진정 문제 삼고자 한다면 "『성매매방지법』이 시행된 지 10년이 되었지만 실태를 보면 워낙 뿌리 깊게 퍼져 있던 성매매 업소들을 단속하기에는 역부족인 듯하니, 특단의 조치가 필요하다"가 적절한 표현일 것이다.

성매매를 막아서 성범죄가 급증한다?

성매매를 금지하면 성폭력이 늘어난다고 한다. 이 주장의 우선적 전제는 남성들의 성욕은 풀지 못하면 터지게 되어 있다는 것이고 부차적 전제는 남성의 성욕은 마땅히 성매매로 풀어주어야 한다는 것이다. 풀어주지 않으면 성폭력으로 이어지고 만다는 이 남성들의 성욕이 가장 왕성한 때는 10대 후반부터 20대 초반이라 말한다. 이들이 자라며 받는 성교육의 일천함을 생각하면 언제부터 이렇게 성욕의 해소를 중요하게 살펴주는 나라였던가 싶다. 만약 이런 논리라면 청소년 시기 남학생들이란 얼마나 위험한 존재인가. 그런데 이 나라는 이 위험한 시기의 남학생들에게 '성공만 하면 여자들은 줄 선다'며 공부만 하라고 가르치지 않던가. 실상은 성인만 되면 맘껏 성매매할 수 있음을, 돈만 있으면 여자는 얼마든지 가질 수 있음을 가르친 셈이다. 그러한 암묵적 기약 속에 청소년기 남학생들은 제대로 된 성교육의 기회 없이 포르노와 일본 AV를 포함한 성 착취 동영상에 무제한적으로 접근한다. '엉덩이가 큰 여자가 좋다' '여자는 애 낳는 기계다' '교복이 가장 야한 옷'이라 떠드는 남교사들은 갑자기 솟아난 것이 아니다. 이런 환경에서 한국의 남학생들은 자랐다.

성교육을 가장 중요한 정치 교육으로 여기는 서유럽 국가들이 있다. 이들 국가는 죄의식 없이 서로를 존중하며 나누는 주요한 관계 맺기로서 성을 교육한다. 복지와 인권에 대한 의식이 높고 성매매 비율이 낮은 나라에서 성폭력은 어떨까. 스웨덴과 노르웨이, 핀란드 같은 나라의 성폭력 신고 건수가 많다며 성매매를 금지해서 그렇다는 괴변을 늘어놓는 이들이 있다. 과연 그럴까. 성폭력 신고 건수와 성폭력의 발생률은 단순하게 등치할 수 없다. 한국의 성폭력범죄 관련 특별법은 1994년에서야 제정되었고, 개정 전 형법에서 강간은 '정조에 관한 죄'였다. 성폭력이나 직장 내 성희롱 관련한 법률이 제정되기 전에 그러한 범죄는 있어도 존재하지 않는 것이었다. 성폭력을 폭력으로 인지하고 신고로 이어지게 하는 것은 사회의 인식 수준이며, 관련된 정책의 내용이다. 성폭력 범죄로부터 얼마나 자유로운가의 답은 여성들이 어떤 곳에서 안전을 느끼는지에 있을 것이다.

우리 사회의 문제는 애초에 남성이 성욕을 풀기 위한 기본권처럼 성매매를 제시한다는 점이다. 성욕을 왜 성매매로 푸는가. 섹스와 관계에 대한 욕구는 여남 모두에게 있고 서로가 원할 때 원하는 상대와 해소하면 된다. 대구 성매매 집결지 자갈마당 폐쇄 시에 50대 후반의 한 남성이 내게 이런 말을 했다. '요즘은 자갈마당이 장사가 안 된다더라. 학생들이 동거를 많이 하고 서로 후리하게 섹스를 해서 굳이 마당에 안 간다는데.' 방종한 요즘 애들이 못마땅하고 자갈마당의 쇠락이 애석하다는 투였다. 나는 '성매매 문제도 해결되고 정말 잘된 일'이라 답했으나, '후리한 섹스'는 방종이고 남성의 성매매는 본능이자 권리라는 이러한 이중 잣대는 뿌리 깊다.

'남자는 성욕을 참을 수 없으니 성매매가 필요하다'는 논리의 핵심 문제는 남성을 선택적으로 짐승 취급하는 것이다. 하지만 성욕을 주체하지 못해 짐승이 되어버린 이들의 본능이라 포장하기에는 사실 성매매는 매우 계획적인 행동이며 더구나 돈이 있어야 실행 가능하다. 남성들은 사회적 여건을 따져 성매매를 선택하며 자신의 경제 사정에 따라 구매를 계획한다. 돈과 계급이 관여하는 성매매 시장 안에서 이들은 구매자 남성 간의 위계화, 좌절, 소외 등을 겪는다. 성매매는 본능의 영역이 아니라 문화와 경제, 즉 구조화된 체계 속에 있다.

한국 남성을 잠재적 범죄자로 일반화시키는 건 다른 무엇도 아닌 우리 사회가 만들고 재생산하는 이러한 통념이다. 남자는 짐승이고 성욕은 본능이니 성매매를 못 하게 하면 성범죄자가 된다는 말에 진정 분노하고 저항해야 하는 것은 누구인가.

성매매 불법화 때문에 청소년 성매매가 늘어난다?

다음으로, 『성매매방지법』 때문에 청소년 성매매가 늘

어났다는 주장이 있다. 합법적 성매매를 막으니까 아예 청소년을 산다는 의미일까, 아니면 성매매를 금지했더니 청소년을 돈 주고 사는 게 더 쉬워졌다는 의미일까. 현장 지원 활동을 시작하며 가장 놀랐던 것은 성매매 자체가 너무 많은 것도 있지만 그중에 여성 청소년이 너무 많다는 거였다. 초기에 상담 지원을 하며 만난 여성 대부분이 10대 후반에서 20대 초반이었고, 성매매 현장에서 만난 여성들 또한 대부분 10대에 성매매로 유입되었다. 성매매 집결지에도 20대 중반을 넘긴 여성은 많지 않았다.

김강자 경찰행정학 교수는 성매매 합법화를 지지하고 공창제를 주장한다. 대한민국 최초 여성 경찰서장으로 '미아리 포청천'이라 불린 그, 성매매 집결지 업주들을 덜덜 떨게 만들었다는 그가 이제는 집결지 업주들과 같은 편에 서 있다. "성범죄 막으려면 제한적 공창제가 필요"하다고 주장하는 김강자 전 서장을 수식하는 문장은 여전히 '집창촌 단속했던' '성매매와 전쟁 펼쳤던'이다. 하지만 그가 변한 게 아니다. 그는 2000년 서울 종암경찰서장에 부임할 때 대대적으로 단속을 했었다. 그러나 '미성년 성매매'만이었다. 당시부터 그는 청소년 성매매는 절대 안 되지만 성매매 집결지 자체는 공창으로 관리를 해야 한다는 입장이었다. 『성매매방지법』 제정에 대해서도 그는 현실을 고려하지 않은 이상적인 법이라고 주장했다. 성매매 집결지의 여성들은 생존을 위해 어쩔 수 없이 성매매를 하는 것이지만 그 외 산업형 성매매는 사치하려는 여성들이 한다는 말도 서슴지 않았다. 그런 그가 과거 성매매 집결지 단속에 발 벗고 나섰던 이유는 청소년들 때문이었다. 당시 미아리 업주들이 지하에 숨겨놓은 청소년들이 단속에 걸리기도 했다.

대구에는 '양지로'라는 1990년대 유명했던 방석집 골목이 있다. 미성년 여성들로 채워진 그곳 업소들에서는 낮은 가격에 매우 '하드'한 서비스가 제공된다고 소문이 나서 주말이면 전국에서 원정 오는 손님도 많다고 했다. 1990년대 중후반부터 그나마 청소년 성매매가 문제시되면서 당시 법률 개정에 따라 최초로 직선제로 선출된 구청장이 양지로 업소 폐쇄를 공약으로 내걸었다. 특별 팀을 구성해 단속 및 폐쇄 작업을 진행하는 동안 업주들의 협박과 위협이 끊이지 않았다. 성매매 여성 인권의 개념이 약하고 지원 시스템도 없던 때라 단속도 무모하게 진행되었다. 문을 잠근 업소를 앞뒤로 지켜 선 뒤 해머 등으로 자물쇠를 부수고 들어가 안에 있는 손님과 여성들을 현장에서 잡아 경찰에 넘겼는데, 당시 단속 사진에는 나체인 청소년들과 상의를 벗은 남성 구매자들의 모습이 고스란히 담겨 있었다. 당시의 상황을 설명하며 경찰은 '그렇게 데리고 나와도 어디 보낼 데도 없고, 여성들은 다들 다시 다른 업소로 갔을 것'이라 했다. 당연하다. 단속에 걸린 여성들이 경찰서에서 나오면 바로 업주들이 기다리고 있었다. 양지로의 업소들은 폐쇄되어도 그 여성들에 대한 업주들의 통제권은 전혀 지장을 받지 않는다. 자본이 넉넉한 업주들은 양지로 외에도 이미 다른 업소들을 가지고 있고 폐쇄된 업소의 여성들은 다른 곳으로 넘기면 그만이다. 전국에 비슷한 업소는 널려 있다. 유흥업소에 출입하는 구매자의 나이는 단속하지만 정작 성인 구매자들이 청소년 여성을 만나는 데에는 참으로 관대한 것이 우리 사회의 현주소다.

구매자들이 업주에게 하는 가장 첫 질문이 '가장 어린 애가 누구냐'라고 한다. 그리고 귀신같이 제일 어린 여성을 선택한다. 과거와 현재의 청소년 성매매 실태에 대해 심각성을 겨루고 싶지는 않다. 사회가 변함에 따라 청소년 성매매 역시 양상이 변하고 있다. 성매매를 단속해서 청소년 성매매가 많아진 것이 아니다. 과거에도 지금도 법과 상관없이 성매매는 잘못이 아니라 생각하는 이들이 많고, 그리하여 성매매 규모가 어마어마한 이 사회에서 청소년 성매매 또한 넘쳐난다는 아주 기본적인 사실관계를 왜곡해서는 안 된다.

장애인 남성의 권리를 위해 성매매는 필요하다?

「핑크 팰리스(Pink Palace)」라는 다큐멘터리 영화가 있다. '장애인의 성을 이야기하는 국내 최초의 장편 다큐멘터리'라는 홍보 문안에서 알 수 있듯 이 영화는 장애인을 무성적 존재로 여기는 사회에 문제의식을 갖고 '장애인의 성'을 이야기하려는 시도다. 그런데 영화 포스터에 실린 또 다른 문구는 다음과 같다. '한 번 태어나서 죽으면 언제 다시 태어날지 모르는데, 숫총각으로 죽으면 진짜 억울하다. 억울해!' 즉 영화가 재현하는 것은 오직 남성 장애인의 성이다. '숫총각으로 죽으면 억울하다'는 선동적 외침에 더하여, 제목이 '핑크 팰리스'다. 이는 성매매 업소 이름이다. 영화는 호주 멜버른에 위치한 장애인 편의시설 완비 성매매 업소 '핑크 팰리스'를 소개하며 다음과 같이 말한다.

> 핑크 팰리스를 만들자고 주장하는 것은 아니다. 핑크 팰리스가 존재할 수 있는 사회적 환경에 주목한다. 내가 볼 때 호주는 장애인의 성을 인정하는 것 같다. (…) 성은 물론이고 장애인이 가지고 있는 다양한 욕구의 실현은 이 사회가 그 욕구를 인정할 때만 가능해지리라 본다(「핑크 팰리스」, 2005).

장애인의 성에 관한 이슈가 '숫총각으로 죽으면 억울하다'로 수렴되고 그것이 '장애인도 성 구매할 수 있는 권리'로 이어지는 것은 경악스럽다. 또한 신체장애와 지적장애와 정신장애가 다르고, 같은 시각장애라도 정도와 맥락에 따라 상황과 이해가 다양할 텐데 이 같은 사고는 철저히 비장애인 남성의 시각에서 장애 남성을 정형화하고 대상화한다. 실제로 이 영화의 문제의식은 '40대 뇌성마비 장애인이 섹스를 한 번 해보는 게 소원이어서 성매매 업소를 찾았다 문전박대를 당했다'는 기사에서 착안되었다고 한다. 그러나 '섹스 한 번 해보는 게 평생소원'이라는 말이 과연 단순히 일회적 성욕 해소에 대한 호소일까? 누군가와 연결되고 관계 맺고 싶은 욕구를 성매매로 손쉽게 해결해주겠다는 발상은 폭력적이다. 장애 남성의 성욕을 성매매할 권리와 연결 짓는 이런 프레임이야말로 궁극적으로 당사자의 목소리를 배제한다. 이는 비장애 남성들의 시각을 투영한 주장일 뿐이다.

장애인권의 문제는 보편적 복지와 닿아 있는 영역이다. 이런 사안을 성매매할 권리로 치환하는 건 문제적이다. 장애인에게도 성 구매자가 될 권리를 주라는 주장이 '인권'의 영역에 들어갈 수 있는가. 섹스 볼런티어에 나서야 할 이들의 인권은 열외로 하고, 대형 성매매 업소를 마치 장애인 인권을 위한 장소인 것처럼 홍보하는 것은 지극히 한국 남성 성 구매자의 관점이다. 대형 성매매 업소 핑크 팰리스는 성매매 여성들의 의사와 무관하게 모든 남성을 성 구매자로 만드는 것이 목적일 뿐 장애인의 권리를 보장하기 위한 곳이 아니다. 돈만 내면 여성을 거래할 수 있는 시장에 장애 남성도 얼마든지 동참할 수 있도록 만든 것이고, 성매매 여성의 입장으로 보면 이는 어떤 남성이든 가리지 말고 받아야 한다는 의미일 뿐이다.

2010년 '장애여성공감'은 유럽 장애인 성 서비스 연수를 다녀와 기록을 남겼다. 그곳에서 그들은 시각장애를 가진 사회심리학자로서 1990년대부터 장애인 성 상담을 하고 있는 바벨 미클러의 이야기를 들었다. 그는 성 서비스가 대다수 장애인에게 별로 도움이 되지 않을 것이라고 진단했다. 이유는 그들 대부분이 원하는 것은 섹스 자체가 아닌 친밀감이기 때문이다.[6] 장애 여부와 상관없이 성매매에 있어서는 동일한 책임과 권한을 가지고 문제에 접근해야 한다. 비장애인들이 '장애인의 성적 권리'를 내세워 성 구매의 당위를 말하는 것은 허울일 뿐이다.

언제 어디서나
성매매가 가능토록 하라!

작은 읍내의 1차선 도로변에서 잠시 주위를 둘러보면 10여 개의 '다방' 간판을 볼 수 있다. 장미다방, 용궁다방, 명성다방…… 바로 티켓다방이다. 그리고 작은 단란주점과 유흥주점이 한두 개씩 끼어 있다. 이 다방들은 '휴게실'*이라는 간판을 달고 있기도 하다. 이런 곳들은 배달 외에 '티켓'이라는 서비스를 제공한다. 수확철의 농촌에서 그리고 고기잡이배가 들어오는 어촌에서, 다방마다 새로운 아가씨를 데려다 놓았다며 고객 유치에 열을 올린다.

유흥주점들은 룸살롱, 텐프로*, 풀살롱*으로 불리며 강남 대로변부터 제주까지 가득하고, 마사지 업소들은 '건전한' 전립선마사지를 제공하며, 곳곳에 오피방이 성행한다. 도시, 농촌, 어촌, 섬 등 장소와 형태를 불문하고 대한민국 어디에나 성매매 업소가 있다. 인터넷 홍보가 대세인 시대에도 여전히 길가를 다니면 시선에 걸리고 발에 차이는 것이 성매매 알선 광고물이다. 오히려 성매매가 가능하지 않은 곳이 있다면 고개를 갸웃거려야 할 정도다.

2018년 경북 예천군 의원들이 해외 연수로 캐나다를 방문했다. 이 여행에서 의원들이 가이드를 폭행하고 '여성 접대부가 있는 술집에 데려다달라' '보도를 불러달라'*고 요구한 사실이 밝혀져 의원직에서 제명당했다. 황제골프여행*을 가서 낮에는 골프 치고 밤에는 성매매를 했다는 공공기관 직원들이나 공금으로 해외 연수를 가서 성매매를 했다는 기사들은 꽤나 많이 보아왔다. 한편 예천군 의원들은 요구는 했지만 뜻을 이루지는 못했다. 왜였을까? 가이드는 '여기는 그런 곳이 없다'고 했다. 하지만 의원들은 여러 번 같은 부탁을 했다. 왜 그런 부탁을 했는가 묻는 기자에게 "일정 끝나면 가고 싶다" "솔직히 말하면 노래방 가면 눈도 어돕고 책자에 있는 번호도 찾아주고, 그런 의도로 물어본 거"라고 답하기도 했다. 어쩌면 이 의원은 운이 나빴던 것일 수도 있다. 캐나다 같은 나라가 아니었다면 오히려 가이드들이 나서서 성매매 업소를 안내하는 '친절'을 베풀어주었을 것이다. 살면서 '2차'나 '도우미'가 없는 곳을 상상조차 해보지 못한 분들이니 세상 어디나 그럴 것이라 여기지 않았을까.

전 세계에 국경을 가진 나라 중에 성매매가 없는 곳이 있을까. 조직폭력배와 살인, 강간이 없는 나라는 어떤가. 어떤 곳에든 이런 범죄는 존재할 것이다. 그러나 그 정도에 있어서는 매우 다르다. 한국 남성들의 원정 성 구매 장소로 널리 알려진 필리핀, 태국같이 해외의 성매매를 이야기할 때 쉽게 떠올릴 수 있는 나라들이 있는 반면 그렇지 않은 곳도 있다. 캐나다는 2014년 『성 구매자 처벌법』을 도입했고 도시 곳곳에 들어선 성매매 업소와 같은 풍경은 찾아볼 수 없다. 룸살롱처럼 여성 접객원이나 도우미가 술자리에 상시 동원되는 업소들이 거리를 가득 메우고 있는 나라는 일본과 한국이 거의 유일하다. 이런 성매매 규모의 차이를 만드는 것은 사회의 의식과 맥락이다. 한국이나 그 외 나라들의 '맥락'은 뒤에서 설명할 것이고, 우선은 한국의 성매매 규모에 대해 이야기하고자 한다. 예천군 의원들이 '일 끝나고 들르고자' 가볍게 생각한 도우미가 나오는 술집과 어느 장소에서건 동석할 여성들을 공급하는 보도가 늘 준비되어 있는 한국의 성매매 규모는 어느 정도일까.

2013년 대구여성인권센터에서 발행한 성매매 실태 조사 자료집에는 '커피숍보다 많은 성매매 업소'라고 제목을 달았다. 커피숍 중에도 티켓다방 같은 성매매 업소가 있음을 생각하면 이 차이는 더 심각해질 것이다. 2009년 외식업 현황을 발표한 분석 기사 제목은 '분식집보다 많은 유흥주점'이었다. 경제가 어려워 폐업하는 자영업자가 늘면서 분식집이 줄어들고 있는데 유흥주점은 오히려 늘어났기 때문이다. 이 통계는 여전한 '유흥업소 불패 신화'로 해석되었다. '불 꺼지지 않는 산업, 대한민국 성매매보고서'라는 부제를 달고 2012년 출간된 『은밀한 호황』에서 저자들은 한국의 성매매 관련 통계 수치를 이렇게 표현하고 있다. "대한민국 구석구석 없는 곳 없다."

현행 『성매매방지법』 제4조에 근거해 매 3년마다 국가는 성매매 실태 조사를 하도록 규정하고 있다. 『성매매방지법』이 제정되기 이전인 2002년의 조사 이후 이 법령에 근거해 2007년부터 2019년까지 총 5차례 실태 조사가 이루어졌다. 조사의 범위는 전통적인 성매매 집결지부터 2차 형태의 성매매를 알선하는 유흥주점 등을 포함한 성매매 알선 가능 업소들을 망라한다. 웹사이트와 모바일 애플리케이션을 통한 성매매 알선이 사회적 이슈로 떠오르면서 이 또한 실태 조사에서 주요한 대상이 되고 있다.

조사에 따르면 성매매 산업 규모는 2002년 24조

원, 2007년 14조 원으로 그나마 줄어들고 있는 것으로 보이기도 하지만, 2015년 한국형사정책연구원이 최대치로 추정한 한국의 성매매 시장 규모는 37조 원이다. 이 어마어마한 수치는 『성매매방지법』이 성매매를 제대로 단속·제어하지 못함을 보여준다. 법은 만들어졌으나 이를 실제 범죄로 인식하고 법 집행력을 작동시키는 데에 실패했음을 입증하는 것이기도 하다. 이미 2002년에 국내총생산의 4.1퍼센트 수준으로 커져 있던 성매매 시장은 이해관계인들에게 엄청난 영향력을 행사하며 공권력을 넘어서는 거대한 권력으로 자리 잡고 있었기 때문이다.[7]

암시장 전문 조사업체인 미국 하보스코프닷컴의 2015년 발표에 따르면 한국의 성매매 시장은 약 12조 원으로 세계 6위 규모다. 성매매는 업소 규모·이용 횟수 등 통계를 잡기가 어렵다. 특히나 해외 기관의 조사는 대체로 그 수치가 보수적이라는 평가가 많다. 실제로 한국형사정책연구원은 한국의 성매매 시장 규모를 하보스코프 추산치의 3배 수준인 30조~37조6000억 원이라고 추정했다.[8]

성매매가 형성하는 암시장 거래 규모가 세계 6위라면 한국의 성 구매자 숫자는 어느 정도일까. 2010년의 실태 조사는 "한국 남자 10명 중 4명이 성 구매를 했다"고 보고한다. 2018년 KBS 「추적60분」에서는 포털 사이트에 등록된 성매매 업소가 2393개로 전국 고등학교보다 많다는 비교를 통해 한국 성매매 시장의 거대함을 충격적으로 보여주었다. 포털사이트에 등록된 이러한 업소들이 성 구매 데이터베이스를 만들고, 성 구매자들의 구매 후기 게시판을 운영하며 알선 업소 영업과 관련한 매매부터 컨설팅까지 거의 모든 것을 망라한 정보들을 공유하고 지원한다. 이들이 가지고 있던 성 구매자 데이터에는 약 1800만 개의 번호가 담겨 있었다. 중복 기재나 허위 기재 등을 고려하더라도 한국의 총인구가 약 5000만이니 충분히 놀라운 수치다.

성매매 알선업자들은 돈이 된다면 어떤 방식으로든 새로운 장소와 시장을 지속적으로 만들어낸다. 시대마다 신변종 성매매라 불리는 업종이 생겨나고 또 사라져갔다. 또한 분명한 사실은 한국 사회에서 성매매를 알선하는 눈에 보이는 대형 업소들이 성매매 시장의 상부를 차지하고 사회적으로도 거대한 영향력을 행사한다는 것이다. 그리고 이러한 권력이 다시 성매매에 대한 견고한 통념을 만든다. '성매매는 근절될 수 없다' '성매매는 법으로 막을 수 없다'와 같은 통념은 일상을 지배하는 성매매의 규모에 의해 지탱되는 것이다.

어떤 범죄로부터도 완전무결한 상태인 사회는 없다. 중요한 것은 사회가 무엇을 용인하고 무엇을 용인하지 않는가다. 특정 범죄에 대해 해당 사회가 얼마큼의 문제의식을 갖고 노력하느냐에 따라 사회 안전도는 나라마다 현저한 차이를 빚는다. 우리가 성매매를 용납하는 정도에 따라 그 규모 또한 줄어들 수도 더 늘어날 수도 있다는 것이다. 한국의 거대한 시장은 사회적으로 얼마나 많은 이가 성매매를 용인하고 있는가를 증명한다. 성매매 시장 규모를 줄여나가기 위한 방법론은 다양할 수 있겠지만 '이렇게 거대한데 어쩌겠는가'와 같은 '통념'은 방법론일 수 없다. 누가 이 같은 체념을 추동하고 성매매를 자연적인 것으로 만드는지, 그를 통해 이익을 보는 것이 누구인지를 생각해야 한다.

성매매가 일상이 된 한국에서는 일상 문화의 변화 양상에 따라 그 안에 담기는 성매매 영업 형태도 계속 움직이고 변화한다. '모든 곳에 성매매가 가능케 하라.' 이것이 성 산업 사업가들의 논리이고 시장의 자유를 최고 가치로 주장하는 신자유주의 자본의 논리다. 인터넷이 발달하면 그곳에, 노래방이 활황이면 그곳에, 스와핑이 유행이면 그곳에, 오피스텔이 인기라면 그곳에. 한국에서 성매매는 모든 곳에 따라붙는 서비스의 형태로 존재한다. 언제 어디서든 성매매를 하라고 권하는 사회, 이것이 이 나라의 현주소다. 그렇다면 대체 무엇이 이러한 지금을 만들었는가?

성매매 실태 조사

"남성 혐오 부추기려고 날조한 것 아닌가요?"

관련 강연을 할 때, 한국 남성의 성 구매 비율이 50%라는 내용을 문제 삼으며 여성가족부가 잘못된 실태 조사를 하고 있다고 문제 제기한 이가 있었다. 이런 식으로 조사 자체를 문제 삼는 글은 인터넷에서도 쉽게 찾아볼 수 있다.

【성매매방지 및 피해자보호 등에 관한 법률】 제4조 1항은 "여성가족부장관은 3년마다 국내외 성매매 실태 조사(성접대 실태 조사를 포함한다. 이하 같다)를 실시하여 성매매 실태에 관한 종합보고서를 발간하고, 이를 성매매의 예방을 위한 정책수립에 기초자료로 활용하여야 한다"고 되어 있다. 한국 남성의 성 구매 비율이 50%라는 내용은 이 법률에 따라 2016년 실시된 조사를 통해 2017년 발표된 것이었다.

성매매 실태 조사의 내용은 【성매매방지 및 피해자보호 등에 관한 법률 시행규칙】 제2조에서 규정하고 있다. 상세 내용은 아래와 같다.

성매매방지 및 피해자보호 등에 관한 법률 시행규칙

제2조(성매매 실태 조사의 방법과 내용)

① 여성가족부장관은 【성매매방지 및 피해자보호 등에 관한 법률】(이하 "법"이라 한다) 제4조제1항에 따른 성매매 실태 조사(성접대

실태 조사를 포함한다. 이하 이 조에서 같다)를 여성가족부장관이 지정하는 기관 또는 단체에 의뢰하여 실시할 수 있다.

② 제1항에 따른 성매매 실태 조사의 내용에는 다음 각 호의 사항이 포함되어야 한다.【개정 2017.9.18】

1.	성매매 업소(성매매 알선 가능 업소를 포함한다)에 관한 사항
2.	성매매 발생요인과 발생유형에 따른 성매매 실태
3.	온라인 등 사회환경변화에 따른 성매매 실태
4.	성매매와 관련된 사람들의 실태
5.	그밖에 성매매 실태 조사와 관련하여 여성가족부장관이 필요하다고 인정하는 사항

성매매 실태 조사, 특히 불법인 성매매 알선업의 규모 등을 파악하는 것은 쉽지 않은 일이다. 암시장 전문 조사업체인 미국 하보스코프닷컴은 2015년 한국의 성매매 시장이 세계 6위 규모라 보고했으나 한국형사정책연구원은 그 실제 수치를 하보스코프 추산치의 3배 이상으로 추정한다. 실제로 조사 시 많은 어려움이 따르며, 여성들의 증언과 경찰 조사, 법원의 판결, '2차'와 업소 내 성매매를 알선하는 것으로 알려져 있는 여러 업종의 데이터를 바탕으로 추정치를 내는 방법을 사용할 수밖에 없다. 때문에 이렇게 마련된 자료는 정책 수립과 대응책 마련 등을 위해 참고 자료로 쓰일 수는 있지만 정부 공인 통계자료로 승인하는 데 무리가 있다고 판단되어 통계청에서는 '정부미승인통계'로 분류했다.

【성매매방지법】 제정 이후 3년에 한 번씩 실시하는 전국 성매매 실태 조사의 주무부처는 여성가족부이지만 이를 수행하는 기관은 매번 다르게 결정되고 있다. 2010년 조사

는 서울대 사회발전소가 진행했고 한국 남성 10명 중 4명(37.9%)이 성 구매를 했다고 보고되었다.[9] 2013년에는 한국형사정책연구원에서 조사를 진행한 결과 일반남성 응답자의 56.7%(1200명 중 680명)가 평생 한 번 이상 성 구매 경험이 있다고 답했다.[10] 문제로 지적되고 있는 성 구매자 통계 수치에 대해서는 수치 자체보다는 수치가 뜻하는 바를 보아야 할 것이다. 설문조사가 이루어지는 맥락과 여러 상황을 기본 토대로 하면서 이러한 수치를 어떻게 해석하고 정책에 반영할 것인지가 주요한 과제다.

한국 성매매 문제의 핵심은 거대한 규모에 있다. 그리고 관건은 이와 결탁한 공권력, 부패와 부정의 고리를 끊는 것이다. 실태 조사에서 나타나는 높은 성 구매 비율은 언제나 성매매 알선업자들에게 즐거운 소식일 것이고 매번 이를 확인해야 하는 것은 매우 불행한 일이다. 알선업자들은 더 많은 수요를 창출하기 위한 다양한 불법 행위를 하며, 이 중에 하나가 성 구매를 늘리기 위한 홍보다. 2019년 경찰 수사로 폐쇄에 이른 국내 최대 성매매 알선 광고 사이트에는 70만 명의 회원과 21만 개의 성 구매 후기 글이 등록되어 있었다. 남자친구의 성매매 이력을 알려준다며 사업을 시작한 '유흥탐정'이라는 사이트는 경찰이 잡고 보니 '골든벨'이라는 성매매 알선업자들의 공유 애플리케이션에 등록된 무려 1800만 명의 성 구매자 명단을 이용한 것이었다. 성매매 알선업자들은 이러한 성 구매자 명단의 수로써 힘을 과시하며 이 어마어마한 수치가 자신들의 불법 행위를 정당화해준다고 지속적으로 여론을 만들고 있다. 성매매 알선 규모의 거대함은 실제로 끝없이 성매매를 부추기며 시장을 확보하고 있다. 사회적 맥락에서 이미 확산되어 있는 대규모 성매매 알선을 뿌리 뽑기 위해 성매매 실태 조사

자료는 필요하다.

사실 여성가족부는 성매매 실태 조사 자료 공표를 미루거나 아예 통계청 승인 자료로 발표하지 않고 있다. 여론의 공격이 부담스러워서이기도 할 것이고, 법이 금지하는 성 산업의 실제 규모를 묵인·방조한 결과를 국가 통계로 남겨놓는 부담과 어려움 때문이기도 할 것이다. 많은 정부 예산을 들여 실시한, 성매매 문제 해결을 위한 기본 정책자료가 언론이 정보 공개 청구를 하고 난 연후에나 겨우 공유되고는 했다. 사회 구조적으로 뿌리 박힌 문제를 단건의 자료와 조사로 완전히 파악하기는 늘 충분치 않다. 하지만 문제 상황을 드러내고 해결 방안을 찾아나가기 위해 최소한의 지속적 조사는 필요하며 그 내용은 적극적으로 활용되어야 한다.

2장

대한민국 성매매의 탄생

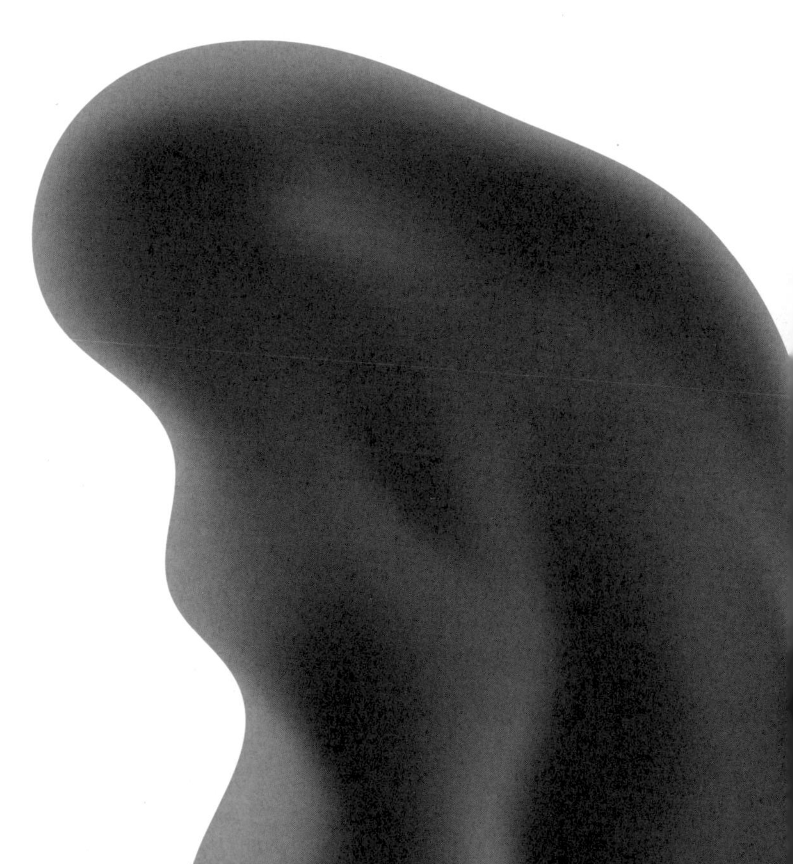

성매매 강국

그는 일본에서 성매매를 했다고 했다. 막 20살이 된 그는 여전히 10대 소녀처럼 보였다. 불안하게 눈동자를 굴리며 일본 성 구매자들이 얼마나 변태적인지를 얘기했다. 가족이 없던 그는 16살부터 티켓다방에서 일을 하다, 늘어난 선불금을 갚고 돈을 많이 벌 수 있다는 말에 친구와 함께 일본에 갔다. 도착한 뒤 바로 입은 것 같지도 않은 옷을 입고 프로필 사진을 찍었다. 그 사진은 지역의 생활 정보지에 실렸다. 구매자들이 사진을 보고 여성을 지명하면 나가는 '데리바리' 즉 일종의 출장 성매매 업소에서 일을 했다. 딱 3개월이었다. 귀국한 그에게는 여전히 선불금이 남아 있었다. 그때가 2007년이다. 그는 남성 구매자들이 2대 1을 원하거나 좀 더 힘든 서비스를 요구할 때마다 매우 공손하게 '스미마셍'을 외쳤다고 했다. 조용하고 얌전한 듯 굴면서 시킬 건 다 시키고, 한국처럼 콘돔을 안 쓰려는 구매자가 대부분이었다고 했다.

지원 활동을 하는 동안 나는 『성매매방지법』 때문에 해외 '원정녀'가 늘었다는 원성을 많이 들었다. 하지만 이미 그 이전부터 일본이나 호주, 미국으로의 인신매매는 심각한 상황이었다. 2000년부터 각종 시사 프로그램에는 이 주제로 꽤나 여러 차례 방송이 제작되었다. 그때부터 자신의 업주가 성매매 집결지에 건물을 몇 채씩 가지고 있을 뿐 아니라 지방에도, 일본에도 업소를 두고 있다는 얘기를 성매매 여성들을 통해 듣기도 했다. 『성매매방지법』이 제정되던 시기에도 업주가 자신을 일본에 보내려 한다는 상담이 많았다. 새로 생긴 법 때문에 여성들이 도망갈까를 염려한 업주들이 당시 누적된 선불금이 많은 여성들에게 일본으로 갈 것을 종용했다. 일본이나 해외로 여성들을 소개, 이동시킨 뒤 그곳에서 직접 업소를 운영하는 시스템이 이미 자리 잡고 있었기 때문에 가능한 일이었다. 그들이 지닌 그런 국제적 조직력과 영향력의 바탕이 된 것은 한국에서 성매매로 쌓은 막대한 자본이다. 국내 시장이 포화되고 경쟁도 심해지자 한국의 알선 조직은 해외로 뻗어 나갔다. 알선업자와 포주들의 진출이다. 그리고 그들이 여성들을 이동시켰다.

대한민국 성매매의 형성을 말하려면 우선 일본의 성 산업에 대한 이야기를 해야 한다. 현재 한국의 성매매 규모와 형태를 결정지은 그 원본이 바로 일본이기 때문이다. 대한제국 시기부터 유곽과 요정 등 일본식 성매매 업소가 들어왔고, 이후 일제강점기를 거치면서 일본의 성 산업은 그대로 한국에 정착되었다. 부녀자를 접객원으로 두고 술을 따르고 흥을 돋우도록 법에 명시되어 있는 나라는 세계적으로 일본과 한국이 유일하다. 터키탕, 귀청소방, 키스방 같은 '창의적' 성매매 업소의 원조 역시 일본이다. 일본 문화 수입을 불허하고 반일에 힘썼던 시기에도 한국 정권은 일본 남성들을 접대하기 위해 모든 형태의 성매매를 관광이라는 이름으로 장려하고 키워놓았다. 일본의 예술영화는 볼 수 없어도 AV라는 성인 음란물은 쉽게 유통되던 기이한 시대가 지금 이 땅에 거대한 성매매 산업을 만들어놓은 것이다.

한국식 성매매의 근원

현재 한국 사회의 성매매를 역사적으로 살펴보고자 할 때, 조선시대 이전과 현재의 성매매를 일대일로 비교하는 건 의미가 없다. 신분제 사회에서 노비들은 노예 신분으로, 모든 권한이 주인인 양반에게 있었다. 여성 노비들은 주인이 마음만 먹으면 취할 수 있는 대상이었다. 기생은 관에 속한 노비였고 이들에 대한 기록은 매우 제한적이다. 고려시대 중국에서 관기 제도가 수입되면서 기녀라는 명칭이 붙었고, 조선시대에 기생으로 이름이 바뀐 것으로 알려져 있다. 신분제 사회에서 노비였던 기생들은 오히려 문과 예를 배울 수 있는 기회를 가졌으며 극히 일부는 이를 통해 후대에 이름을 알리기도 했다. 즉 이들이 관기의 신분으로 양반과 관리들을 모셨다 해도 성매매가 주 영역은 아니었다. 기생이 남긴 기록으로 유일하게 남아 있는 글 모음집인 『소수록』에서 지난했을 그들 삶의 한 자락을 볼 수 있다.

> 사또에게 수청 들랴 부인 행차 시중하랴, 이십이 늦잖거든 십이 세에 성인하니, 어디 당한 예절인지 짐승과 일반이라

1830년에 쓰인 해주 기생 명선의 글이다. 주인의 처분에 따를 수밖에 없는 관노비의 처지가 짧은 문장에서도 절절히 느껴진다. 가난한 이들의 삶이 더욱 팍팍해졌던 조선조 말에 소위 '갈보'라 불리는 유녀, 즉 거리에서 성매매를 하는 여성들이 늘어났다고 하지만 국가 공인 아래 공창제도가 실시된 적은 없다.

지금 한국에서 성매매를 논할 때 '성매매는 가장 오래된 직업'이라거나 '우리 역사에 이미 오래도록 존재했다'는 이야기가 빠지지 않는다. 물론 그러므로 현재의 성매매가 자연스러운 현상임을 피력하기 위한 말이다. 하지만 노예제 시절을 되새긴다고 지금도 노비와 신분제가 필요하다고는 말하지 않는다. 오래되었고 예전에도 있었다는 것이 현재의 근거가 될 수는 없다. 노예제 사회의 여성 노비를 소환하여 현재의 성매매와 연결 짓는 건 현재를 살고 있는 이들에 의해 각색된 허상이다.

공창제는 일제가 정치적 지배력을 확보해가는 과정에서 등장했다. 이는 을사늑약 이전 시기 조선에 신사와 함께 가장 먼저 들어온 제도였다. 1876년 강화도 조약을 체결하고 조선을 강제로 개항한 뒤 개항장을 중심으로 형성된 일본인 거류지에서 성매매 집결지에 해

당하는 유곽을 중심으로 성매매가 성행했다. 1881년 초 부산과 원산 등지에서 성매매 여성인 '창기'를 관리하는 규제를 시행했는데 당시 창기가 될 수 있는 연령을 15세 이상으로 정하고 매주 1회 성병 검진을 받도록 했다. 1916년에는 전국적으로 공창제가 시행되었다. 조선의 공창제 확립 과정은 성병 검진 대상을 확대하는 과정이었다. 이 시기 공창제 시행의 목적은 일본 제국주의 군대의 성병을 관리하고 조선으로 이주하는 일본인의 편의와 위생이었다. 지금까지도 흔적이 남아 있는 서울의 용산, 청량리, 부산의 완월동, 대구의 자갈마당 등이 모두 일본에 의해 만들어진 유곽이다.

16세기경부터 공창제를 실시한 일본은 강화도 조약 체결 후 조선의 일본인 거류지를 중심으로 공창제를 도입해, 1906년부터 조선의 성매매 여성들에 대한 공창제에 착수했다. 이때에 제정된 것이 『대좌부영업규칙』 『예창기취체규칙』으로, 영사가 영업 구역을 한정하고 일본 내에서 시행하는 매춘관리법을 기준으로 성매매를 관리하게 했다. 일제 강점기에 성매매 여성으로 분류되어 성병 관리를 받은 여성들은 유곽에 있는 창기들만이 아니었다. 요릿집과 요정 등 접객업소의 여성들은 '예기' '작부'라 불리며 모두 관리 대상이 되었다. 이 시기 공창인 유곽과 함께 카페, 음식점 등 접객업의 사창 영업도 증가했다. 이곳에 종사하는 여성들은 '서비스걸'로 불리며 화류병(성병) 환자로 취급되었고 성매매 업소의 증가로 영업 경쟁 또한 치열해졌다. 이에 따라 성매매 여성들은 더 많은 서비스를 요구받으며 화대는 저렴해지는 등 그 처우가 더욱 열악해졌다. 일제 강점기하 경찰은 유흥업도 '생업보국의 한 가지 방법'이고 '한 가지 사회의 발전상을 말하는 것'이라며 일제의 전시 체제에서도 일본 본국과 달리 조선에서는 향락·유흥업소의 단속을 유보하여 성매매 산업을 지속시켰다. 이 과정을 통해 한국 성 시장과 성매매 정책은 체계적으로 결합되었다. 현재 한국 내 성매매 집결지와 성 산업의 토대는 이렇듯 일본이 식민지 조선에 들여온 성 산업의 조직적·정책적 제도화를 통해 만들어진 것이다.[1]

당시의 신문 기사나 소설 등을 통해 성매매 여성들의 처우와 실태를 짐작할 수 있다. 현진건의 소설집 『조선의 얼굴』에 수록된 「고향」(1926)이라는 소설에는 가난한 집에서 얼마 안 되는 돈에 딸을 유곽에 팔고 또 그 가족은 수치심에 고향을 떠나야 했던 이야기가 그려져 있다.

> 그 아비 되는 자가 이십 원을 받고 대구 유곽에 팔아먹은 것이었다. 그 소문이 퍼지자, 그 처녀 가족은 그 동리에서 못 살고 멀리 이사를 갔는데, 그후로는 물론 피차에 한 번 만나보지도 못하였다. 이번에야 빈터만 남은 고향을 구경하고 돌아오는 길에 읍내에서 그 아내 될 뻔한 댁과 마주치게 되었다. 처녀는 일본

> 사람 집에서 아이를 보고 있었다. 궐녀는 이십 원 몸값을 십 년을 두고 갚았건만 그래도 빚이 육십 원이나 남았는데, 몸에 몹쓸 병이 들어 나이 늙어져서 산송장이 되니까, 주인 되는 자가 특별히 빚을 탕감해주고 작년 가을에야 놓아준 것이었다(현진건, 「고향」 중).

이 소설의 마무리는 "볏섬이나 나는 전토는 신작로가 되고요, 말마디나 하는 친구는 감옥소로 가고요, 담뱃대나 떠는 노인은 공동묘지 가고요, 인물이나 좋은 계집은 유곽으로 가고요"라는 당시 민중의 노래를 인용하고 있다.

승려이자 독립운동가인 만해 한용운은 시인으로 알려졌지만 몇 편의 소설도 발표했다. 그중 1938년 『조선일보』에 연재했던 소설 『박명』은 당시 성매매 여성들의 삶을 보여주고 있다. 당시 권번에 속해 요정, 요릿집 등에서 일하는 이를 기생, 그보다 저렴한 술집 등에서 일하는 여성은 작부, 유곽 등 숙박 성매매 업소의 여성은 창기라 불렀다. 소설에서 "작부 처지만도 못한 창기"로 팔려가게 된 채란은 "하루에도 된 놈, 안 된 놈 몇씩을 치러야 한다니, 여자가 일부종사는 못 할지언정 제 몸을 서푼짜리 개고기 팔듯이야 할 수가 있니, 차라리 죽는 것이 낫지"라며 자신의 신세를 한탄한다. 소설은 공식 지정된 성매매 집결지뿐만 아니라 접객업을 하는 여성 모두를 성매매와 결부시키는 현재 한국형 성매매의 시초를 보여준다. 알선업자의 존재 또한 선명하다.

> 나가기는 나가지만 내가 너를 거저 보낼 수는 없다. 내가 너를 데려오기에 부비(浮費)가 백여 원이나 들었다. 대강대강 쳐보아도 예서 사람이 둘이나 내려갔지. 게 가서 며칠 묵새겼지, 또 세 사람이 차비 들여서 올라왔지…… 하니까 대강 쳐도 돈 이백여 원이야(한용운, 『박명』 중).

14살 순영이 일을 못 하겠다고 하자 순영을 데려온 소개업자가 하는 말이다. 당시 여성들의 몸값이 만들어지는 방식이었던 '전차금'은 현대 선불금의 원조 격이다. 모부에 의해 팔려 오거나 좋은 직장에 취업시켜주겠다는 말에 속아 발을 들인 여성들은 전차금을 빚으로 진 채 인신매매되고, 업소에서는 자살 시도가 빈번했다.

> 유곽장(대구 유곽장) 창기 김봉옥은 지난 5일 오후 5시경에 유곽장 내에서 아편을 먹고 죽으려다가 같이 있던 여러 사람에게 발견되어 즉시 부근의 모 의사에게 응급치료를 의뢰하여 다행히 생명에는 관계가 없었다는데 그 원인은 어릴 때부터 창기로 몸이 팔리어 다른 사람과 같은 정당한 생활을 하지 못함을 비관하여 한 것이라 한다(『시대일보』, 1917.08.19.).

당시 국제사회는 일본의 공창제를 인신매매, 인권 유린으로 규정하여 철폐를 촉구했으며 실제로 일본은 이런 외압으로 자국의 공창제를 폐지한다. 하지만 식민지의 공창제는 유지되었고 일본이 패망할 때까지 한국의 유곽은 남아, 성매매 시장 확대의 근간이 되었다.

해방 이후 일본인 업주가 물러간 자리를 한국인 업주들이 접수하고 일부는 폭력 조직들이 장악했다. 미군정은 당시 여성단체의 맹렬한 비판에 따라 1946년 '부녀자의 매매 또는 매매계약 금지령', 1947년 '공창제도 등 폐지령'을 발표해 제도 폐지를 단행했다. 여론에 의해 공창제 폐지 등의 입장을 표명하고 제도를 마련했으나 남한에서는 성매매를 금지하는 대신 관리·규제 정책을 채택한다. 미군 병사를 위한 정기적 성병 검진을 실시하고 증명서를 발급하는 등, 식민지 시절 일제가 구축한 제도적 기반을 활용하면서 성매매 여성들을 체계적으로 관리하는 방향으로 나아갔다. 공창제 폐지 후에도 기생, 창기, '땐사(dancer)', 여급뿐 아니라 병원 간호사들까지 간헐적 성병 검진 대상이 되었다.[2] 한국전쟁 발발 다음해인 1951년 정부는 기존의 성매매 집결지 등에 연합군 위안소를 설치하고 과거의 기생이나 작부, 여급과 땐사, 위안부를 접객부라 칭하고 서류를 갖춘 이들에게 허가증을 교부했다.

> 작년 7월 UN군 전용 위안소로서 당국의 임시 허가 아래 운영되어오던 도원동 18개소의 위

> 안소는 요즈음 UN군의 출입은 희소하고 한국인 출입이 7, 8할을 점령하는 실정으로 주야를 가리지 않고 약 100명에 달하는 사창을 고용하여 사실상 인신매매의 유곽을 부활하고 있다(『대구매일신문』, 1951.11.26.).

해방 후 미군정은 일본이 심어놓은 공창제를 폐지했다. 그러나 한국전쟁을 거치며 이는 형식적 구호에 머물게 되고 말았다. 한국전쟁 시기 한국 정부에 의해 전국의 성매매 집결지가 연합군 위안소로 지정되면서 관리 주체와 구매자의 얼굴만 바뀐 공간이 되었다. 그리고 한국전쟁이 끝나고 경제 발전이 국가 주요 과제가 된 1960년대부터 성매매 집결지는 특정관리지역으로서 본격적인 국가 관리 체계 아래 놓여 이중적 통제가 가능하도록 만들어졌다.

이 과정을 거치면서 성매매 여성들은 '창기'에서 '위안부'로, 다시 '윤락녀'가 되었다. 이때 남성의 욕구를 위한 도구로서 국가적 관리 대상이 되는 여성들은 국가의 필요에 의해 동원되면서도 동시에 도덕적으로 타락한 존재로 규정되었다. 이후 한국 사회는 1990년대까지 성매매 여성들에 대한 감금과 통제를 당연하게 여겼고, 착취적 성매매 산업이 공권력의 비호 아래 성행하게 되었다.

국가가 조장한 위안부

해방 이후, 미군정은 자신들의 도덕적 우월성을 드러내고 반공이라는 이데올로기 아래 자유민주주의를 세운다는 명분 때문에라도 일본이 세운 공창을 그대로 둘 수 없었다. 하지만 미군정 시기의 공창 폐지는 구호일 뿐, 실질적으로는 전혀 실행할 의지가 없었던 것으로 보인다. 기지촌 등 이후 조성된 한국 내의 자국 병사들을 위한 시설이나 성병 관리 체계 등을 보면 알 수 있다. 그러는 사이 기존의 유곽들은 사창화하여 명칭을 바꾸었다. 대구의 야에가키초 유곽은 '자갈마당'이, 대전의 가스가마치는 '중동 10번지'가, 부산 미도리마치는 '완월동'이, 인천의 부도정 유곽은 '선화동'이 되었다.

해방 이후부터 미군정, 한국전쟁을 거치는 동안 일본식 공창제에 미국식 성매매 관리 정책이 더해졌다. 이후 5.16 쿠데타로 들어선 군사정권은 부패와 구악의 일소를 우선 과제로 내세웠다. 그중 사회 풍기 정화와 국민보건이라는 목적 아래 『윤락행위등방지법』이 발표되었다. 법의 이름에서 드러나듯이 군사정권은 성매매 여성을 도덕적으로 타락한 존재로 규정했으나 동시에 성매매 집결지 내에 『윤락행위등방지법』 적용의 예외 규정을 두어 성매매 자체는 묵인했다. 1962년에는 윤락 여성 선도 계획에 따라 내무부·법무부·보건사회부 등 정부 부처 공동으로 성매매 특정 구역 설치를 결정했다. 그해 6월 보건사회부는 전국에 104개소의 성매매 집결지를 설치, 운영하기 시작하며 전국적으로 집결지와 기지촌을 인정했는데, 이는 법적 근거 없이 이루어진 것이다. 특정 구역으로 지정된 104곳은 일제 강점기에 공창제로 형성된 유곽을 대부분 포함하며 정부가 필요에 따라 몇몇 지역을 제외하거나 새로 편입했다. 특히 많은 신생 성매매 집결지가 미군 부대가 있었던 기지촌을 중심으로 생겨났다. 서울, 부산, 대구의 미군 기지에도 기지촌이 있었지만 특히 인천, 파주, 의정부, 평택, 동두천 등 경기 지역 미군 기지촌을 중심으로 성매매 집결지가 조성되었다.

1957년 『전염병예방법』, 1962년 『식품위생법』에 근거해 정부는 기지촌 여성의 신원 등록을 의무화하고 정기적인 성병 검진을 실시했다. 1963년 개정된 『관광사업진흥법』은 주한 국제연합군 및 외국인 선원 전용의 관광호텔업에서 제공되는 주류에 주세를 면제하는 조항을 신설하고, 1964년 『지방세법』 개정을 통해 요리점, 무도장, 카바레, 바, 호텔 등에서 주한 유엔군의 숙박을 포함한 유흥 음식 행위에도 세금을 면제했다. 1969년 교통부에서 펴낸 『교통통계연보』의 관광 분야 외화 수입을 보면 1960년대 전반까지 전체 관광 분야 외화 수입 중 미군에 인한 수입이 가장 많았고 정부에 등록된 관광 업체의 절대 다수가 '빠(Bar)'였으며, 유엔군 전용 홀에서 획득하는 외화의 비중은 절대적이었다. 한국전쟁 후 피폐해진 경제 상황에서 한국의 관광

산업은 기지촌 '양공주'를 정책적으로 적극 양성했으며 이를 발판으로 성장했다.

1969년 조성된 '판타스틱 월드(아메리칸 타운)'[3]는 계획적으로 성매매 유흥을 위해 벌판 위에 설치한 '성매매 도시'다. 주말마다 철조망으로 둘러싸인 이 도시에 인근 기지의 미군들이 셔틀버스로 실려 왔다. 당시 박정희 정권에서 막강한 위세를 떨친 백태하 대령에 의해 만들어진 아메리칸 타운은 미군을 위한 클럽, 식당, 미용실, 각종 상점, 환전소를 갖추고 500여 개의 방에 기지촌 여성들을 두고 성매매를 하도록 했다. 미군 위안부 여성들이 성병 치료를 이유로 감금되었던 '몽키 하우스'는 '낙검자 수용소'였다. 낙검자란 즉 성병 검사에 통과하지 못한, 보건증이 없거나 확인 도장이 없는 여성이다. 몽키하우스라는 명칭은 이곳에 감금된 여성들이 철창에 붙어 있는 모습이 원숭이와 같았다 하여 붙여진 것으로, 증언에 의하면 국가에 의해 격리 수용된 채 이곳에서 자살하거나 치료 부작용으로 죽은 여성이 많았다.

미군의 성 구매 편의를 위해 여성들을 수용해 국가가 성매매를 조장하고 낙검자를 감금한 판타스틱 월드와 몽키하우스는 정부가 저지른 위법적 인권 침해 사례다. 이에 기지촌 위안부였던 122명의 여성은 2014년 '한국 내 기지촌 미군위안부 국가손해배상청구소송'을 제기했다. 소장의 진술에는 "피고 대한민국은 1961년 제정·공포된 『윤락행위등방지법』에 의해 성매매가 전면 금지되었음에도 불구하고 기지촌을 형성·관리하여 사실상 성매매를 방조·권유·조장하기까지 함으로써 원고들의 인권을 침해"했다고 쓰였다. 결과는 '일부 승소'였다. 2017년 서울중앙지방법원은 성병에 감염된 기지촌 여성들을 강제로 격리 수용한 것을 불법 행위로 판결하고 원고 (120명 중) 57명에 대해 각 500만 원씩 지급하도록 했으나 국가가 성매매를 조장하고 '애국 교육'의 명분으로 여성들에게 성매매를 하도록 강요한 점은 인정하지 않았다. 미군 '위안부'에 대한 역사적 재조명과 기록 사업은 여전히 진행 중이다.

성매매 관광과 호스티스물 전성시대

"너희랑은 비교도 안 되는, 모델 급으로 키 크고 늘씬한 여자들이 일본인들이랑 호텔에 줄지어 들어가더라."

고등학교 수업 시간, 사회 선생님의 얘기였다. 아주 냉소적인 어조였다. 폭력도 교육이라 여겨지고 성희롱은 일종의 기본 옵션인 시절이었다. 그 선생님이 여성들을 탓하는 것인지 아니면 그런 상황을 보는 일이 치욕적이라 느낀 건지는 분명치 않다. 다만 당시 교실에 앉아 이야기를 듣는 우리는 모두 그게 '기생관광'

이라는 걸 알고 있었다.

중학교 때는 교실에서 친구 한 명이 가져온 성인용 황색잡지*를 돌려 보았다. 당시 내게 매우 충격적이었던지, 지금도 선명하게 기억나는 내용이 있다. 일본인 남성 관광객을 접대하는 미아리 업소의 풍경이었다. 한복 차림 여성들이 하의는 벗고 성기에 여러 가지 도구를 끼워 일명 쇼를 보여주는 모습을 일러스트까지 그려 세세히 설명하고 있었다. 어둑해질 무렵의 하굣길에는 붉은 조명과 함께 유리방 안에 앉은 여성들의 모습이 음산하게만 보였던 '청소년 통행금지 구역'을 지나다니곤 했다.

좀 더 자란 뒤 성매매를 문제적으로 인식하면서 나는 내가 생각보다 성매매와 무관하지 않았음을 깨닫게 되었다. 내 과거의 장면들에 성매매와 연관된 이미지와 장소는 얼마든지 있었다. 근대문학으로 배운 단편소설에서, 무수한 영화 속에서, 길거리에서, 어른들의 사사로운 이야기에서 성매매는 이미 당연한 일상의 구조와 문화로 어디에나 존재했다.

현 한국의 산업형 성매매 유형과 규모를 만든 것은 기생관광이라 명명된 관리형 성매매 정책이라 해도 과언이 아니다. 기업 관행으로서의 접대 문화는 일제 강점기와 한국전쟁을 거친 폐허 위에서 당시의 정권이 선택한 정책이었다. 수출을 통한 고도성장을 목표로 일본 등 외국자본에 의존하면서 한국은 접대를 위해 기생관광을 제공했다. 성매매 집결지로서 유곽과 기지촌 그리고 산업형 성매매 업소들인 요정과 룸살롱 등 유흥주점, 마사지 업소 등은 공식적인 한국 관광 정책으로서 홍보되었다. 1970년대는 일명 '호스티스 영화'들의 전성시대였다. 사회 구조적 약자로서 가난에서 벗어나기 위해 도시를 찾았다가 결국 호스티스 일을 하고 성매매에 이르게 되는 여성들의 기구한 사연들을 담은 이런 영화들이 당시로서는 이례적일 정도로 큰 상업적 성공을 이었다. 당시를 풍미한 많은 영화가 '호스티스물'이라는 분류를 형성할 정도였고, 호스티스 여성들이 영화 속 히로인 캐릭터의 범주를 이루었다. 「영자의 전성시대」(1973)는 동명의 원작소설을 영화화한 작품으로, 시골에서 상경한 영자가 사회와 국가의 착취 속에서 결국 성매매 여성이 되는 모습을 담고 있다. 역설적 제목은 그가 취약 계층 여성으로서 겪어야 했던 폭력을 부각한다. 1960년대 말 서울을 비롯한 도시들의 중심가가 성매매 지역으로 변화되는 중에 산업화의 주변에서 노동계급 여성들은 성매매로 유인되었다. 임권택 감독의 「노는계집 창」(1997)은 전형적인 성매매 집결지 유입 과정을 보여준다. 여성들은 당시의 경제 개발에 힘입어 도시에서 일자리를 얻고 자유를 얻고자 꿈꾸지만 '식모'라는 이름의 서비스 직종과 '공순이'라는 생산직 노동 사이에서 노동력과 성적 착취를 당하며 손쉽게 성산업으로 흘러들어간다.

한국의 성매매는 동남아 등지와 마찬가지로 제3세계의 근대화 정책과 깊게 연결되어 있다. 한국전쟁과 분단 이후의 폐허 위에서 성장한 1960년대 한국은 자립경제가 실현되지 못하고 해외시장 대상 전략을 폈다. 외국 자본에 의존적인 경제 구조가 강화되면서 외화가 절대적으로 필요했고 기술이나 자본의 투자 없이 쉽게 달러를 벌기 위해 관광산업을 장려했는데 그 핵심은 성매매였다. 1966년 교통부가 미국 대외 원조처에 의뢰해 작성한 『한국관광』이라는 연구 보고서는 요정(기생 하우스)이 잠재적으로 영향력 있는 관광 주제라고 제안하고 있다. 일본인을 대상으로 한 본격적인 기생관광도 자리를 잡기 시작한다. 1965년 한일 국교 정상화 이후 1978년까지 일본인 관광객은 전체 관광객의 61.8퍼센트 수준으로 증가했으며 그중 남성 비율이 90퍼센트 이상이었다. 1970년대 초 교통부가 조사한 관광객 기호 자료에 따르면 일본인은 요정을 가장 선호했으며 이들의 기생관광은 국제적으로도 유명한 것이었다. 군사정권은 1973년부터 허가증을 발급해 성매매를 위한 호텔 출입을 자유롭게 하고 통행금지에 관계없이 영업할 수 있도록 했다. 여행사들을 통해 해외에 기생관광을 선전했으며 성매매를 애국 행위로 장려하는 발언을 했다. 이러한 기록들은 국회 속기록과 신문 기사로도 확인할 수 있다. 일본의 국제 여행 알선 업체의 홍보물에서는 '한국 기생파티 관광단 모집'이라는 문구까지 보인다. 일본 내에서조차 여성들이 이에 반대하는 움직임에 나서는 상황이었다. 현재 한국의 여행사들이 '황제골프여행'이라는 여행 상품을 팔고 여행 안내서에 노골적으로 현지의 성매매 업소 정보를 담고 있는 것과 같은 맥락이다.

이런 상황에서 1970년대 초반 기생관광 반대운동이 크게 일어났다. 1974년 여성단체들이 공동으로 개최한 기생관광 반대운동 강연회에서는 정부의 관광 정책을 신랄하게 비판했고, 이를 주도한 이들은 당국의 감시와 협박을 받았다. 결국 '유신 과업 수행을 가로막은 반정부 행위'로 간주되어 연행되었으나 이 활동은 강대국 남성에 의한 약소국 여성 성 착취 행태를 고발하고 군사정부의 여성 인권 유린에 문제 제기하는 계기가 되었다.

인신매매부터 해외시장까지

1980년대부터 성 시장은 미군과 일본인 관광객 중심에서 한국인 남성 대상으로 서서히 이동하기 시작한다. 1980년대 쿠데타로 정권을 잡은 제5공화국은 국민의 관심을 돌리기 위해 다양한 규제를 대폭 완화해 컬러TV를 도입하고 프로야구를 개막하는 등 유흥·향락산업 번창에 일조했다. '3S(Screen, Sex, Sports)정책'이라고도 불린 이 시기의 '경제자유화'와 규제 완화는 1980년대 이후 성 시장 팽창의 주요 원인이 되었다. 제5공화국은 제3공화국의 특정 지역 설치와 유사하게 윤락여성 집중 관리지역을 설정하고 윤락여성 등록을 받아 보건증을 발급하며 정기적인 성병 검사를 의무화했다.

1980년대는 강남에 유흥가가 대거 생겨난 시기다. 1986년 아시안게임과 1988년 서울올림픽을 개최하는 동안 한국의 기생관광이 대대적으로 홍보되었다. 한편 성매매 업소에 여성들을 공급하기 위한 인신매매 조직의 범죄가 사회문제가 되었지만 성 산업의 팽창에 제동을 걸지는 못했다. 오히려 당시 정권은 1986년 기생관광으로 이미 명성이 자자하던 11개 대형 요정 업체에 총 20억 원가량의 돈을 특별 융자 형식으로 지원해주었으며 국제 관광공사에서 발행하는 관광객용 지도에는 요정의 위치를 친절하게 안내하는 내용이 실렸다.

무수한 인신매매 괴담이 당시 사람들에게는 농담처럼 회자할 만큼 흔했다. 가장 대표적인 것이 어린 여성들을 봉고차로 납치하여 성매매 업소에 팔아넘기는 이야기였고 괴담 속에서 남성들은 멍텅구리배같은 곳에 실려 노예로 팔려갔다. 소설 『인간시장』과 같이 성매매와 인신매매를 소재로 한 작품들이 사회 비판적인 요소를 담아 흥행에 성공했던 사실이 당시의 시대상을 간접적으로 보여준다. 신문 사회면에는 "구인광고로 부녀자 유인 윤락가에 500명 넘겨, 15개 파 40명 적발 21명 구속"(『동아일보』, 1987.10.02.), "납치범들은 이들을 사창가에 끌고 간 후 처음 3, 4차례에 걸쳐 고의적으로 탈출 기회를 주어 탈출하면 무차별 구타하거나 밥을 굶기는 등 탈출을 스스로 포기케 하는 수법을 써왔다(『동아일보』, 1988.12.28.)" 등의 기사가 실렸다.

1990년대에는 속칭 '영계촌'으로 불린 성매매 업소들에 손님이 줄을 이었다. 성매매 집결지에서 10대 미성년 여성들의 강제 성매매가 계속해서 사회적 문제로 떠올랐으며 도시 외곽과 읍면 단위로까지 티켓다방이 퍼져 성매매 알선의 온상이 되었다. 이른바 '인터걸'이라 불린 구소련 여성들이 국내 성 산업에 유입되고 한국 기업이 진출한 해외에 한국식 성매매 업소를 차리는 등, 거대해진 성매매 알선 조직의 영향이 국내를 벗어나 해외까지 확장되었다. 러시아 공영방송에서 한인 성매매 업소를 비판하면서 "'2차 문화' 해외까지 가나…"라는 제목으로 기사화되기도 했다.

> 1997년 모스크바에 한인 대상의 첫 가라오케가 생긴 뒤, 현재 가라오케만 10여 개 업소가 운영될 정도로 늘었다. 이들 업소들은 세금을 줄이기 위해 모두 러시아 현지인을 사장으로 고용, 러시아 요식업소로 등록돼 있지만 출입 손님은 대부분 한국 출장객, 관광객이다. 인권 모임 '러여인'에 따르면 이들 한국 손님들의 모멸적인 언행, 변태 성행위 강요 등을 참지 못해 도움을 요청하는 윤락 여성들도 상당수다(『국민일보』, 2004.12.17.).

> 경찰에 따르면 김씨 등은 지난 6월 중순께부터 3개월여 동안 일본 도쿄의 한 모텔에서 이 모(23, 여)씨 등 9명의 유흥업소 여종업원을 고용해 '구에노'라는 상호로 속칭 보도방을 차려놓고 윤락을 강요한 뒤 7700여만 원을 뜯은 혐의다. 경찰 조사 결과 김씨 등은 이들이 도망가지 못하도록 여권을 빼앗고 나체 사진을 찍어 신문·잡지 등에 광고를 한 뒤 윤락을 강요하고 화대 가운데 60퍼센트를 숙식 및 광고비 명목으로 착취한 것으로 드러났다(『연합뉴스』, 2002.10.11.).

이대로는 안 된다
—『성매매방지법』 제정

2000년 9월 군산 대명동 성매매 집결지에서 화재가 발생했다. 시장 안의 좁은 골목에 자리 잡은 작은 쪽방 형식의 성매매 업소에서였다. 이 사고로 5명의 여성이 방에 감금된 상태로 사망했다. 그리고 2002년 1월 군산 개복동 성매매 집결지에서 두 번째 화재가 발생했다. 한 사람이 겨우 오갈 정도로 좁은 내부 통로에 창문과 출입문은 쇠창살로 막혀 있고, 안팎으로 이중 자물쇠가 설치

되어 있는 이곳에서 15명이 갇힌 채로 숨졌다. 화재 참사 이후 조사 과정에서 해당 업소의 업주는 호화 별장을 짓는 등 성매매로 인한 불법 수익으로 엄청난 부를 축적한 것으로 드러났다.

이 사건들로 성매매 현장의 심각성을 더 이상 모른 척할 수 없게 되면서 성매매 방지법 제정 논의가 활발해졌다. 이 화재 사건 이후 반성매매 여성인권운동 진영은 대대적인 법 제정 운동에 나섰고 2002년 발의된 '성매매방지법안'은 2004년 3월 22일 『성매매알선 등 행위의 처벌에 관한 법률』과 『성매매방지 및 피해자보호 등에 관한 법률』로 제정돼 같은 해 9월 23일 시행되었다. 여성단체들은 성매매가 여성 인권에 대한 명백한 침해 범죄라 보고 성매매 알선 행위자와 성 구매자만을 처벌하는 법안을 주장했지만 결국 성매매 피해자는 처벌하지 않되 자발적 성매매 여성은 처벌하는 최종안이 통과되었다. 『성매매방지법』은 인권법도 풍속법도 아닌 모순적인 한계를 가지고 탄생했다. 이 법의 제정과 시행 즈음에 '성매매를 막으면 성폭력이 늘어난다' '풍선효과로 음성적 성매매가 늘어난다' '경제가 위축된다' 등 격렬한 공격이 있었다. 당시의 사회적 맥락을 고려하면 법 제정 자체만으로도 엄청난 성과라 할 만한 것이었다. 다르게 말하면 이는 법의 태생 자체가 이미 많은 현실적 한계를 가지고 출발한 것이다. 법 시행 이후 지금까지도 이 법의 제정 의도 자체를 문제시하거나 현실적 성과를 과소평가하고 부작용을 더 부각시키는 주장들이 여전히 넘쳐나고 있다.

2004년 『성매매방지법』이 발효되면서 가장 큰 타격을 받은 곳은 전업형 성매매 집결지였다. 가장 큰 저항도 집결지를 중심으로 일어났다. 법이 제정된 3월부터 단속과 저항으로 시끄러웠던 이 집결지들은 시행 당일인 2004년 9월 23일 서울 성북구 하월곡동 일명 '미아리텍사스'에서 500여 명이 모여 생계 보장과 『성매매방지법』 시행 유보를 요구하는 집회를 벌였다. 시위는 다음날 대구 성매매 집결지 자갈마당으로 이어졌고 10월에는 청량리·용산·영등포와 수원·인천 등 수도권 지역은 물론, 부산 등 전국 각지로 확산되었다. 관련 종사 여성들도 10월 7일, 11일, 19일 각각 국회·평택·청량리역 광장에서 500~3000여 명 규모의 연대 시위를 벌였는데 이는 업주들의 주도하에 이루어졌다. 여성들은 2004년 11월 1일 '한터여성종사자연맹'(이하 한여연)이라는 조직을 결성했는데, 여기서 '한터'는 2002년 성매매 집결지 업주들이 결성한 전국 조직인 '한터전국연합회'다. 성매매 여성들이 한터 소속으로서 『성매매방지법』 반대 시위에 나선 것은 업주들과 함께 움직일 수밖에 없었던 당시의 상황을 보여준다. 실제로 시위에는 업주들이 함께했으며 여성들은 실질적으로 업주들과 같은 주장을 할 수밖에 없는 상황이었다고 이야기했다. 상담하며 만난 여성들은 당시에 대해 '업주들과의 관계에서 좀 더 유리해진 점도 있지만 생계의 막막함이 무겁게 느껴졌다'고 했다. 한편 당시 국회 앞 시위를 주도했던 여성 대표들 중 일부는 한터 업주들로부터 벗어나 『성매매방지법』 제정운동을 주도했던 한국여성단체연합과 여성가족부를 방문했다. 이들은 한터의 입장에서 벗어나 여성단체와 함께 성매매 집결지의 성매매 여성들을 위한 자활사업을 요구하는 기자회견을 했다. 이를 계기로 여성가족부는 당시 여성 대표들이 있었던 부산과 인천에서 성매매 집결지를 대상으로 한 자활 지원 시범사업을 진행했다. 이후 이 사업은 전국의 성매매 집결지를 대상으로 확대되었다.

『성매매방지법』 시행 이후 성매매 집결지는 언제나 뜨거운 논쟁의 중심이었다. 금지주의를 표방하고 시행된 법이었지만 그동안 국가가 관리해오던 성매매 집결지를 일거에 폐쇄할 수 없었기 때문이다. 정부는 2007년까지 순차적으로 집결지를 폐쇄해나간다는 계획을 세웠다. 하지만 집결지 폐쇄와 정비를 위한 실효성 있는 입법을 마련하지 못한 채 일부 지역에서 민간 주도의 재개발 사업 형식으로 폐쇄가 이루어졌다. 대도시의 도심, 부도심에 위치한 성매매 집결지는 부동산 개발 이익이 상상을 초월해, 서울 용산역 앞의 경우 거래 가격이 평당 1억5000만 원을 호가했다. 청량리와 하월곡동 역시 용산에는 미치지 못하나 엄청난 부동산 거품을 가져왔다. 이런 와중에 집결지 성매매 업주들은 법의 피해자인 양 성명서를 발표하면서 청량리 등의 집결지에서 재개발 이익을 놓고 이전투구를 벌였다.

『성매매방지법』 제정 전후해서 쏟아진 반응만으

로 당시 우리 사회 성매매가 어느 지경이었는지를 충분히 가늠할 수 있다. 제주의 업주와 의원들이 『성매매방지법』 때문에 제주도 경제가 망한다고 성명서를 내고, 국회의원이 '젊거나 가난한 남성들은 어떻게 하느냐' 고 염려했으며 '고대 그리스에서는 성매매 여성이 대우받았는데 왜 성매매를 반대하는가' '성매매를 반대하는 여성단체들은 남편을 뺏기지 않으려는 중산층 중년 여자들이다' 등등 온갖 망언이 끊이지 않고 미디어를 장식했다. 공권력도 발치에 두었다고 여겨질 만큼 성매매 시장의 위세가 대단했던 이 당시에는 『성매매방지법』이 통과된 사실이 오히려 믿기지 않는 일이었다.

어느 대학 교수들의 교육 장소에서는 성매매 여성과의 낭만적 관계를 얘기하며 반성매매 의견에 대해 '사고가 너무 편협하다'고 꾸짖는 목소리도 있었고 성매매 여성을 잘 안다고 자부하는 어떤 이는 '화류병'에 걸린 여자들은 어차피 못 떠나고 다시 돌아오게 되어 있다며 『성매매방지법』은 부질없는 일에 매달리는 꼴이라 혀를 찼다. 실제 현장과 완전히 동떨어진 이런 목소리가 사회 인식의 표준처럼 받아들여지고 있어 이 주제로 제대로 된 대화를 하기는 거의 불가능에 가까웠다.

하지만 이토록 지독한 괴리에도 불구하고 『성매매방지법』은 여러 유의미한 판례를 만들며 여성들을 선불금 사기범이 아닌 강요된 성매매의 피해자로 볼 수 있도록 해주었고, 성매매로 인한 부당이득을 편취하는 이들이 성매매 알선업자와 업주들이라는 현실을 인식시켰다. 여전한 문제의 핵심은 이들이 가진 자본과 권력이었다. 성매매를 작동시키는 시장 규모는 이 모든 소동 속에서 끄떡없는 힘을 가지고 모든 영역에서 성매매를 수단화하고 있었다. 법이 생겼다고 그 힘이 사라지지는 않았다. 성매매를 불법화하고 성매매 여성 지원 활동을 이어가는 와중에도 성 구매자에 의한 여성 살해 사건은 빈번히 일어났고, 경찰과 검찰은 여전히 이 시장을 규제하기보다 시장에 공조했다. 진정 성매매를 문제로 인지하고 실질적으로 줄여나가고자 한다면 이 나라의 성매매를 이토록 거대하게 형성시키고 일상화한 사회 구조를 파악해야 한다.

2000년, 군산 그리고 변화의 시작

2000년, 군산의 성매매 집결지에서 화재가 발생해 5명의 여성이 감금된 채 숨졌다. 이어 2002년 또 같은 일이 일어났다. 쇠창살과 이중 자물쇠로 가로막힌 좁디좁은 업소 안에서 열다섯 명이 사망했다. 새천년에 연이어 발생한 군산 성매매 업소 화재 참사가 한국의 여성운동계에 던진 파장은 엄청난 것이었다. 우리는 성매매 현장에서 지옥을 보았다. 인신매매와 성 착취를 위한 감금, 폭행, 납치 같은 사건을 일상처럼 접하던 때였다. 더구나 공권력이 그 배후였다. 군산 화재 참사의 진상을 밝힘과 동시에【성매매방지법】제정을 요구하는 운동이 본격화되었다. 한국여성단체연합을 중심으로 그동안 미군 기지촌 여성을 지원하던 단체들과 종교계의 진보적 여성운동을 해오던 활동가들이 모두 연대했다. 지역 여성운동 단체들도 성매매 실태 조사와【성매매방지법】제정을 위한 공청회 등을 2002년의 주요 사업으로 시행했다.

2002년 봄, 한국여성단체연합의【성매매방지법】제정 설명회에서 당시 운동의 중심에 있었던 선배를 만났다. 지역에서 실태 조사와 지원 사업을 진행할 거라고 알렸을 때 선배는 내게 '기반도 경험도 없이 그걸 어떻게 하려고 하느냐' 염려했다. 그 말을 듣는 당시에도 몰랐으나 이제는 그때 얼마나 무모했는지 안다. 하지만 해야 할 일이었다.

공청회와 여러 행사, 캠페인, 실태 조사를 진행하면서 동시에 성매매 피해 여성에 대한 현장 지원 활동을 시작했다. 【성매매방지법】 제정을 위한 캠페인으로 활동가들이 대구 시내 중심가에서 전단을 돌렸는데, 단 몇 명의 활동가가 한 번에 2000장이나 되는 커다란 전단지를 시민들의 손에 건넸다. 간곡함과 비장함을 담은 그 전단지에는 당시 우리가 느꼈던 분노가 빼곡히 들어차 있었다. 그즈음 치렀던 여성주간 행사의 제목은 '성매매는 미친 짓이다'였다.

지역 성매매 실태 조사를 시작했을 때는 거대한 절벽을 마주한 것 같은 느낌이었다. 시에 정보 공개 청구를 하고 주변인을 중심으로 탐문 조사를 하면서 밑그림을 그렸다. 당시 청소년 단체에서 일하던 남성 활동가를 섭외했고, 사회생활을 하는 그의 친구 3인이 '현장 투입 실태 조사원'이 되어주었다. 성교육 강사를 하며 나름 알 만큼 안다고 자부했던 나는 이때 그들의 실태 조사를 기록하면서 결코 넘을 수 없는 남성사회의 '성매매문화'를 절감하게 되었다. 수많은 남성이 경험하는 회식문화와 그들 사이에 오가는 성매매 정보들에 대해 들었다. 밤과 낮을 가리지 않고 한국 남성들을 지배하는 것은 거대한 성매매 시스템이었다.

어느 일요일에는 여성회 사무실로 전통형 성매매 집결지 자갈마당의 업주 김모 씨가 찾아왔다. 회의를 위해 모여 있던 우리를 건너보며 '여긴 세수도 안 하고들 다니시냐'고 했다. 당시 자갈마당은 막대한 불법 수익을 올리고 있었고 여성들은 선불금에 묶여 인신매매를 당하는 등 지금보다 상황이 훨씬 심각했다. 감금된 채 성매매를 강요당하는 여성들에게 경찰이 '업주에게 차용증을 다시 써주라' 따위의 중재를 하여 문제가 되기도 했다. 자갈마당 내 업주들 간 갈등이 불거지고 서로 영업 방해를 하거나 밥그릇 싸움을 하는 조직들 간의 폭력 사건이 기사로 등장했지만 그런 세력 다툼을 공권력은 강 건너 불구경처럼 보아 넘겼다. 김모 업주는 업주협회의 힘에 밀려 영업 방해를 받던 신축 업소의 업주로서 그가 제공한 자료들은 어쨌든 실태 조사와 그 이후의 현장 지원 활동에 꽤나 큰 도움이 되었다.

실태 조사와 함께 배워가면서 성매매 여성 지원을 본격화했다. 여성이 겪은 피해 사실에 대한 이해를 받기 위해 경찰에게 구구절절 애원하는 선배 활동가의 모습에 감명을 받기도 하고 나서서 경찰과 입씨름을 하기도 했다. 처참한 현장에서 실제로 무엇을 얼마나 돕고 바꿀 수 있을지가 매번 커다란 고민이자 도전이었다. 티켓다방의 10대 여성부터 성매매 집결지에 있는 개개인 여성이 처한 현실은 하나하나 버겁고 위태로웠다. 여성들을 상담하고 의견서를 쓰고 동행해 조사를 받는 일, 업주들의 협박과 위협에 대응하는 일, 긴급피난처가 시급한 여성들의 쉼터를 알아보고 연계하는 일 등등을 과연 지속적 사업으로서 감당할 수 있을지 계속 주저했다.

2002년 9월, 결국 미루던 결단을 했다. 그렇게 '성매매 피해 여성 구조 지원팀'이 결성되고 이를 위한 핫라인을 개설했다. 핫라인 번호 뒷자리가 8297(빨리구출)이었다. 지금 생각하면 손발이 오그라들지만 당시 활동가들은 진지했다. 성매매 집결지에서 '나가고 싶다'는 전화가 걸려오면 협조적이지 않은 경찰을 억지로 현장에 불러내 즉시 출동했다. 업주와 경찰에게 만만하게 보이지 않도록 '출동복'을 사무실에 비치하고 전화를 받으면 지체 없이 나섰다. 검찰 조사를 받으러 가서 조폭이라는 유흥주점 업주와 같이 엘리베이터를 탔을 때 빨라진 숨소리를 들키고 싶지 않아 애써 근엄한 얼굴로 태연함을 가장했던 일, 대질심문을 받는 자리에서 업주와 쩐주(전주*)로부터 피해 여성을 떼어놓기 위해 사이를 가로막고 앉아 업주의 손가락질에 맞대응하며 버티던 일, 수시로 경찰·검찰과 싸우고 법원에 가서 판사에게 일으켜 세워진 일 등. 그때는 비장해질 수밖에 없었다. '구조 지원팀'이라는 명칭은 그 두려운 현장에서 여성들과 연대하며 우리 스스로를 구조하기 위해 붙인 이름이었다. 그 명칭은 여성들에 대한 대상화를 피해가기 위해 '성매매 피해 여성 인권 지원센터'가 되었다가 다시 '여성인권센터'로 변경되었다. 이름 달기의 변천사는 지원 활동을 하는 우리의 치열한 고민의 역사이기도 하다.

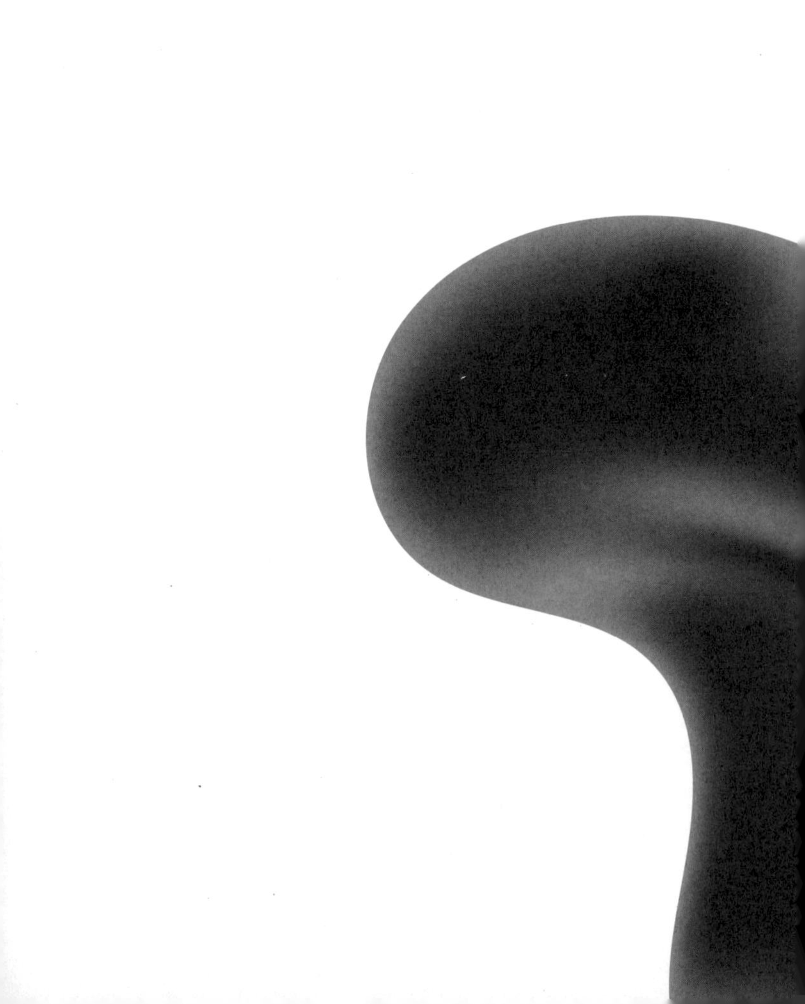

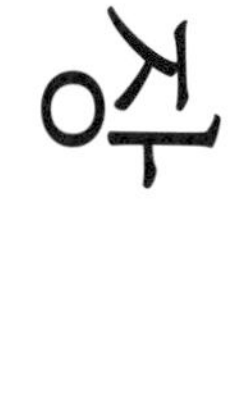

시장으로 간 성매매

돈 되는 시장

성매매 실태에 대한 그동안의 모든 자료가 나타내는 가장 큰 특징은 한국사회 성매매 시장 규모의 거대화와 성매매 알선 업체의 조직화다. 2004년 『성매매방지법』이 제정되고 성매매 집결지의 규모가 지역별로 눈에 띄게 줄었다. 하지만 성매매 알선 업소 가운데 늘 가장 규모가 큰 부분은 전통형 집결지가 아니라 겸업형으로 분류되는 업소들이다.

성매매를 당연시하고 여성들의 몸을 전시하고 쇼핑하기를 권리로 여길 때, 다른 모든 여성 서비스 직종 또한 성매매화된다. 성매매 합법화나 비범죄화를 주장하는 이들이 사례로 드는 대표적인 나라들의 상황도 동일하다. 성매매를 허용하는 스위스는 창의적인 업태들을 속속 만들어냈다. 2013년에는 지방정부가 길거리 성매매를 위한 드라이브인(drive-in) 성매매 장소를 만들더니 2016년에는 '페이스걸(facegirl)'이라는 업체가 음료를 마시는 동안 구강성교를 제공하는 커피숍을 개장했다. 이 업소에서는 아이패드형 메뉴판으로 여성과 음료를 주문한다. 성매매가 '된다'고 하는 순간, 그 가능성은 곧 '시장'이 된다. 그리고 모든 다른 업종과 마찬가지로 시장은 무한 경쟁 속에서 이윤 추구를 향해 달린다.

한국에서 일제 강점기 수탈의 한 양태로 자리 잡

은 성매매는 국가 안보와 경제 개발을 위한 도구가 되었고 그러는 사이 양지바른 시장에서 무럭무럭 성장했다. 시장의 관점에서 한국의 성매매는 수요도 많지만 경쟁도 어마어마하다. 돈이 된다고 하니 거대 조폭 조직부터 동네 건달들까지 모였다 하면 도모하는 게 성매매 영업이다. 이 시장도 다른 분야와 같이 자본이 많은 이들에게 유리하다. 강남의 풀살롱 몇 개 정도를 유지할 자본이면 단속도 업주의 손안에 있다. 여성들에 대한 통제도 업소 홍보도 조직적으로 이루어진다. 영업과 단속 등 업무를 책임지는 사장이 몇 명씩, 그 밑에 이들의 손발이 되는 부장도 여럿, 여성들을 직접 데리고 다니면서 알선하는 매니저와 마담이 있고 진상 손님을 처리하고 심부름을 하는 기도들까지, 대기업급의 운영 체계를 가진다. '여자애들 몇 명만 잘 거느리면 많은 돈을 벌고 대기업급 업소의 사장이 되어 권력질도 부릴 수 있다'는 꿈을 품고 친구들과 동업으로 키스방을 차리는 이들, 티켓다방을 개업하는 이들, 그만한 자본도 안 되면 숙박업소를 전전하며 협박과 그루밍으로 통제한 미성년자들을 데리고 성매매를 알선하여 돈을 벌어들인다.

더구나 국가 정책으로 만들어진 성매매 시장은 공권력과의 결탁을 배태하게 된다. 성매매 알선 업소들과 공권력의 뿌리 깊은 유착·부패는 성매매 시장의 본질적 성격에서 기인하지만 한국적 상황에서는 성매매 알선 조직의 거대화와도 밀접한 관련이 있다. 엄청나게 커진 규모의 경제가 권력을 만들고, 이 권력이 공권력조차 하수인 또는 공모자로 만들어버리는 것이다. 경찰도 이 '잘나가는' 사업에 끼어들기 위해 업주와 친구가 되고 투자자가 되고 결국 스스로 업주가 된다. 검찰은 스폰서 노릇을 자처하는 거대 업소의 조력자가 된다.

잘나가는 시장이 다각화되고 포화 상태가 되는 건 당연한 흐름이다. 이러한 시장과 구조의 문제를 누락한 채 성매매 문제를 개별적이고 단발적 사안으로 다루고 관련 논의를 꾸준히 축소하는 것 역시 이 시장이 단단한 뒷배와 힘을 가졌다는 반증이다. 거대한 규모의 성매매 시장은 우리의 일상을 지배한다. 그에 대한 가치판단까지 그들의 공작과 선동에 좌우되고 있다. 2011년 경남 창원시 보도방에서 일하던 20대 초반 여성은 성 구매자에 의해 살해당했다. 추모식을 위해 모인 여성단체의 활동가와 회원들 뒤에서 업주들은 이를 방해하기 위해 미리부터 자리를 잡고 큰 소리로 방송을 하고 있었다. 추모식에 함께했던 남성 회원들이 추모 헌화를 위해 앞에 나서자 그 업주들은 '너희들은 이쪽으로 와야 한다'며 비아냥댔다. 그들이 바라는 세상은 모든 남성이 성 구매자가 되는 곳이리라.

한국 성인 남성의 절반 이상이 성 구매 경험이 있다는 통계 자료에도 드러나는 것처럼 성매매 알선 구조의 거대함은 대한민국 구석구석 성매매가 없는 곳을 찾기 힘들게 했고, 성 구매를 일상적 경험으로 만들었다. 또한 권력과 결탁한 성매매 구조는 성 구매 행위의 정당성을 끊임없이 만들어주고 남성이라면 사회생활을 위해, 개인의 욕구를 풀기 위해 당연히 할 수 있는 것으로 인식시켜왔다. 그 결과 수많은 남성이 이것을 선택의 문제가 아닌 남성으로 태어난 이상 거쳐야 하는 경험이자 주어진 권리로 여기게 되었다. 이 '구매'는 또한 남성들 간의 경제 격차를 부각시켜 남성들 안의 소외를 낳고, 자신이 당연히 누려야 할 권리에서 이러한 소외를 느끼는 남성들은 '상품'인 여성들을 향해 분노의 화살을 겨눈다. 그러나 이 부당한 감정의 마땅한 과녁은 사실 우리의 역사가 만든 거대한 성매매 시장 그리고 그것과 결탁한 부패 권력이다. 한국의 성매매 문제의 핵심은 바로 여기에 있다.

성매매 시장의 '업자'들

성매매 알선자와 관련자들은 여성과 유사가족처럼 구성되는 경우가 많다. 호칭도 아빠, 이모, 삼촌, 오빠로 부르며 경계가 흐릿해진다. 내가 최초로 법률 지원을 했던 여성은 막 20살이 된 A였다. 당시 나는 그가 겪은 일들을 이해하기 위해 그가 쓴 A4용지 10장 분량의 진술서를 읽고 또 읽었다. 피해 여성을 법률 지원할 때는 그들이 성매매에 유입된 때로부터 지금의 피해까지를 진술서로 쓴다. 신고를 유발한 사건은 지금 일어난 것이라 해도 그 피해는 그가 성매매에 유입된 단계에서부터 이미 시작되었기 때문이다. 그리고 그 과정을 이해해야 현재 그가 처한 상황, 그에게 생긴 선불금이 어떻게 만들어졌는지를 알 수 있다. 성매매 여성이 처한 사기 사건의 핵심은 선불금이다. 대부분 마지막 업주가 이를 청구하고 성매매 여성을 고소하는데, 선불금은 여성이 성매매에 발을 들인 뒤부터 부당한 거래가 연이어지며 불어나고 그 액수만큼 업주들은 여성들에 대한 소유권을 주장할 수 있다. 업소를 떠난 뒤 A는 청소년 쉼터에 입소해 검정고시와 취업을 준비하고 있었다. 하지만 업주가 자신을 찾아낼까 봐 두려움에 사회생활을 겁냈다. A의 이야기를 통해 나는 많은 것을 배웠다. 그리고 이후로 만난 무수한 여성들로부터 나는 배우고 또 배웠다.

나와 만난 2002년 A는 사기죄로 기소 중지 상태였다. 새엄마의 학대와 아버지의 폭력에 시달리다 중학교 2학년 15살에 가출한 A는 처음엔 친구들 집을 옮겨 다니며 고깃집에서 일했다. 그마저도 어리다고 돈을 제대로 주지 않고, 함부로 대하는 손님들 때문에 오래 할 수 없었다. 친구 집에 지내기가 한계에 달했을 때 그는 생활정보지에서 경험 없어도 숙식을 제공하고 고수익을 보장한다는 식당 광고를 보고 찾아갔다. 방석집이었다. 그 당시만 해도 방석집, 맥양집이라고 불리던 곳들은 일반음식점으로 허가를 받고 영업을 했다. 지역마다 유명한 방석집 골목들이 수없이 많았다. 업주는 일은 배워가며 하면 된다고 그를 안심시켰고, 숙소에서 며칠 쉬고 일을 시작하자고 했다. 미장원에 데려가고 옷과 화장품을 사주었다. A는 업주의 친절에 감사했고 예쁘게 치장한 자신의 모습이 마음에 들었다. 하지만 이후 시작된 '일'은 A에게 너무 큰 충격을 주었다. 업주와 흥정이 끝난 손님들과 술자리를 시작하자마자 옷을 벗고, '언니들'은 테이블 위에 올라가 '쇼'라는 걸 했다. 기본 두 시간 안에 술을 마시고 쇼를 하고 삽입까지 이어졌다. 처음에 친절했던 업주는 제대로 일을 못한다고 혼내고, 마담은 기분 나쁜 일이 있을 때마다 욕을 했다. 술을 억지로 마시는 것도 손님들의 기분을 맞춰주는 것도 힘들었다. 일을 시작하며 받은 '친절'은 고스란히 그의 빚으로 남았다. 일을 계속하는 중에도 숙박, 미용, 옷과 생활 등에 필요한 모든 비용은 빚이 되었다.

처음에 나는 그의 이야기가 잘 이해되지 않았다. 버는 돈이 많은데 왜 빚은 기하급수적으로 늘어날까? 그 안의 시스템은 바깥세상에서 상식으로 통하는 계산법과 달랐다. 30일간의 일을 채워야 돈을 벌 수 있고 그중 하루라도 기본 테이블을 채우지 못하면 그날은 계산일에서 빠진다. 선불금을 받게 되면 우선 그 돈을 갚아야 하기 때문에 급여에서 빠지는데, 그러면 생활비가 부족해서 다시 가불 형태로 돈을 받고 이런 식으로 일종의 빚이 계속 쌓였다고 했다. 업소를 옮기게 되면 다시 소개비와 여러 필요 비용이 발생해 빚이 된다. 그가 업소를 도망 나와 쉼터에 들어간 건 19살 때였는데 도망 나올 때 이미 그는 업소의 '왕언니'로서 호객 역할까지 맡고 있었다.[1]

그의 진술서를 통해 그가 겪은 일들을 따라가는 동안 특히 힘들었던 것은 바로 호칭이다. 진술서에는 무수한 이모와 삼촌이 등장했다. 업소를 옮기는데 삼촌이 다른 여성 몇 명과 함께 있으라며 A를 여관방에 데려다 두었고, 다시 삼촌이 차용증 각서를 받아 갔고……. 수많은 삼촌과 이모가 다양한 역할을 맡고 있었다. 알선업자들이 미성년 성매매 여성에게 유사 가족의 호칭을 쓰는 것은 당연히 용이한 통제를 위해서다. '삼촌이 너한테 얼마나 잘해줬는데' '엄마한테 어떻게 그러니', 이런 말들로 성매매 업소를 벗어나려는 여성들에게 죄책감을 심어주는 것이다.

18살, 지적장애 3급인 B는 상담을 하고 경찰 조사를 받으면서도 계속 업주의 부인을 걱정했다. '언니가 임신 중인데 나 때문에 잘못되면 어떡하냐'고 시종 '언니'를 걱정했다. B는 취업을 시켜주겠다고 해서 만난 소개업자이자 보도방 운영자인 30대 업주에 의해 성매매를 강요당했다. 업주에게 성폭행과 성 착취를 당하고, 임신한 그의 부인과 함께 살았다. 그러나 보호자라는 사촌오빠와 함께 재판에 참석한 B는 업주가 시킨 게 아니고 본인이 원해서 한 거라고 증언했다. 재판이 시작되기 전 쉼터에 있던 B를 데려간 그의 가족이 업주와 합의한 결과였다. B의 '가족들'이 B의 피해를 과거가 아닌 진행형으로 만든 것이다.

이윤의 그물망 —알선 카르텔

성매매 알선자. '포주'라고도 불리는 이들은 누구일까. 사람들은 막연히 업소를 지키고 있는 사람, 즉 눈에 보이는 관리인을 성매매 알선업자라 생각하고 이들을 단일한 주체로 상정한다. 그러나 '매매'에 초점을 맞추어 구조를 살펴 들어가보면 성매매 거래 조직에 다양한 유형의 업자가 세분화된 역할을 맡고 있음을 알게 된다. 성매매 여성의 가족이 직접 알선을 하거나 관리자 역할을 맡기도 한다. 친부, 남편, 연인이라는 관계를 이용해 딸, 부인, 연인을 성매매에 밀어 넣은 사례가 여성들의 증언과 기사를 통해 수시로 드러났다.

일례로 2018년 사회를 들썩이게 만든 '어금니 아빠' 사건이 있다. 미성년인 딸의 친구를 잔인하게 살해한 범인 남성은 그 이전 아내를 성매매 알선하고 그 장면을 몰래 촬영한 혐의를 받기도 했다. 사건 당시 아내는 이미 자살로 목숨을 끊은 후였다. 성매매 알선에 직간접적으로 연결되어 있는 이들은 성매매 여성과 여러 관계로 얽혀 있다. 이들은 가까운 관계의 여성을 성매매로 유입시키고 이윤을 편취하며 성매매에서 벗어나지 못하도록 막는 두터운 장막이자 함정이 된다.

성매매 여성을 둘러싸고 그 이익을 편취하려는 이들은 그물망처럼 촘촘히 연결되어 있다. 한 명의 성매매 여성을 만나 탈성매매를 위해 지원하다 보면 그를 겹겹이 둘러싸고 있는 다양한 역할의 포주를 만나게 된다. 성매매는 취약한 계층에 속한 '사람의 몸'을 통제하고 조정하여 돈을 벌고자 하는 행위다. 그리고 이것이 가능하려면 반드시 여타의 불법적 범죄 행위가 동반된다. 여성들의 자유로운 이동은 성매매 영업이익에 타격을 주고 업소 및 여성들을 대상으로 먹이사슬을 형성한 이들의 수익 구조를 뒤흔든다. 때문에 여성이 업소를 벗어나 업주와 맞서게 되면 이 '장사'에 이해관계를 가진 모든 이가 이익을 위해 공모한다. 여기 가담하는 포주 그리고 알선 구조 안의 이들은 실제 업소를 운영하는 업주 외에도 자본을 투자하는 전주*부터 대부업자, 소개업자, 성형외과 의사에 이르기까지 실로 다양하다. 성매매를 '가능'한 것으로 인식한 사회는 이러한 먹이사슬 구조를 더욱 공고히 만들고 이익의 최대치를 향해 진화한다.

2000년대 초반 선불금 사기 사건에는 채권을 주장하는 고소인들이 건당 5명씩 이름을 올리기도 했다. 업주, 사채업자, 홀복 판매업자, 화장품 방문 판매업자, 세탁소 주인까지 경찰서에서 우리를 기다리고 있었다.

이 중에는 딱히 고소까지는 하고 싶어하지 않는 이도 있지만 여성을 겁박하고 경찰이나 검찰에게 여성을 범죄자로 인식시키기 위해 집단으로 행동하도록 요구받는다. 유흥주점 집결지에 관련직 종사 여성들의 숙소가 되는 원룸이 뒤섞여 있다면 이 원룸의 건물주들도 업주들과 공생 관계에 있다. 여성들이 업소를 떠나 짐을 들고 나오기 위해 숙소에 들르면 집주인이 이들을 붙잡고 버티기도 한다. 이 집주인들은 업주를 대리해 그들의 이익에 발맞춰 행동한다. 업주에 대항하는 여성을 호되게 위협하여 남아 있는 다른 여성들에게 본보기가 되도록 그들은 공조한다. 한 성매매 집결지의 산부인과 의사는 성매매 여성 한 명에게 스무 번 이상 임신 중절 시술을 하고 간호조무사를 통해 진료 없이 집결지 여성들을 대상으로 무단으로 항생제 등 주사와 약을 남용했다. 그런 불법 의료 행위를 한 지 30여 년 만에야 그는 처벌을 받았다. 업소 여성들만을 대상으로 독한 다이어트 약과 우울증 약을 동시에 판매하며 더 열심히 일하라고 독려하는 의사도 있다. 이 모든 건 여성들의 증언을 통해 알게 된 것이다. 그들은 이 의사들이 자신들을 이용만 할 뿐임을 알지만 성매매를 하는 동안에는 순응할 수밖에 없었다고 증언했다.

한국형사정책연구원에 따르면 대다수의 폭력 조직이 유흥업소를 직접 운영하거나 영업을 보호하는 방식으로 유흥업에 관여하고 있으며 조직의 대표 사업이 '유흥업소 직접 운영'인 경우도 있다. 특히 유흥업이 조직의 대표 사업인 경우 대부분이 일반인으로부터 투자를 받아 운영되고 있었는데, 이는 유흥업이 대외적으로 합법인 사업이기에 가능하다. 그리고 이런 유흥업소에서 현금 거래·이동식 단말기·무자료 주류 거래·2종 유흥업 등록 등을 통한 세금포탈, 가짜 술 제조, 성매매 연결 등 다양한 방식으로 불법적 수익을 창출한다. 이 연구는 유흥업에 대한 정부의 규제를 강화하기보다는 불법적 수익을 창출하는 행위들에 대한 경찰 단속을 강화하는 것이 보다 효과적일 것이라 분석한다.[2]

또 단순히 이런 조직의 뒤를 봐주거나 접대를 받는 것에서 끝나지 않고 직접 업소를 운영하다 발각되는 공무원들이 있다. 근 몇 년 사이에도 시 공무원이 보도방을 운영하며 성매매를 알선하다 파면되었고, 교육환경 보호 구역에서 불법 키스방을 운영해온 현직 경찰이 적발되기도 했다. 꾸준한 선호 직업군으로서 너도나도 공무원 시험에 뛰어드는 시대에 공무원들이 어렵게 얻은 직장을 잃을 것도 두려워 않고 성매매 사업에 다리를 걸치는 것은 무엇을 의미하는가. 성매매 알선이 그만한 위험쯤 무릅쓸 만큼 돈이 되고 심지어 권력이 되며 또한 이에 대한 단속과 처벌이 제대로 이루어지고 있지 않다는 사실을 그 누구보다 공권력이 잘 알고 있다는 뜻이다. 『성매매방지법』 제정 후 십수 년이 흐른 지금까지도 공권력이 성매매 알선 행위를 비호하고 주체가 되기까지 하는 현실은 실로 많은 것을 시사한다.

온갖 직군의 사람들이 성매매 알선에 나서는 것은 손쉽게 많은 돈을 벌 수 있고 처벌을 두려워하지 않아도 되기 때문이다. 수많은 개인과 전문직 종사자들이 포주와 공모하고 조직 폭력 단체부터 현직 공무원에 이르기까지 성매매로 기꺼이 이득을 취한다. 한편에서는 사채업자가 다른 한편에서는 무당이 성매매를 종용한다. 한국 사회의 온갖 자리에서 이들은 성매매 알선에 각자의 권력을 사용하고 이로써 부를 축적하고 있다.

유흥이라는 산업

제3회 제주 4·3평화문학상 수상작인 『댓글부대』에 등장하는 여성들은 모두 보조적 역할에 그치는데, 또한 이들은 동일한 직업군이다. 그들이 있는 장소는 늘 노래방과 텐프로, 쩜오*, 사회고위층의 밀실이며 때때로 남성의 요구로 인해 집이나 야외의 어딘가로 불려 나오기도 한다. 저렴하지만 충실한 서비스를 하는 중년의 여성부터 도도함을 일종의 콘셉트로 내세운 젊은 여성, 고위층만을 상대하며 연예인급으로 묘사되는 여성까지 나름 다양하지만 그들은 한결같이 남성 사회의 연대와 공모를 위한 현장에서 남성의 유흥과 접대를 위해 존재한다. 남성들이 이들에게 원하는 주 서비스 내용은 성매매다. 대한민국 땅에서 성매매 여성이 없는 유흥과 접대는 오히려 철저히 비주류다.

이 같은 남성들의 유흥은 대중문화를 통해 수없이 재현되면서 일상적인 것이 된다. 흥행에 성공한 「내부자들」(2015) 「베테랑」(2015)을 비롯해 한국의 근·현대 사회상을 그리는 대표적 영화들에서 유흥업소는 사건이 이루어지는 매우 핵심적인 장소로 등장한다. 이곳에서 남성들이 서로의 권력과 연대를 재확인하며 중요한 이야기를 나누는 동안 동석한 접대 여성들의 모습 또한 반복적으로 배경이 된다. 현실의 뉴스에서도 타락한 권력이 개입하는 사건 사고에 이 장소는 어김없이 등장한다.

강준만의 저서 『룸살롱 공화국』(2011)의 부제는 "부패와 향락, 패거리의 요새, 밀실접대 65년의 기록"이다. 이 책은 해방정국 이래 '요정'에서 '룸살롱'으로 이름만 바뀐 채 그대로 이어져온 접대문화의 시대사를 보여준다. 이 책의 3장은 "'룸살롱이 법정'인 나라"라고 한국의 1990년대를 진단한다. 2010년 4월 20일 첫 방송을 시작으로 3편까지 제작된 MBC 「PD수첩」의 '검사와 스폰서' 편에서는 이러한 실태를 낱낱이 고발하고 있다. 20여 년간 검사의 스폰서 노릇을 한 사업가의 증언으로 촉발된 이 사건을 취재해 방송한 담당 PD는 타의로 해당 방송을 떠나야 했다. 이 사건 관련자였던 증언자와 취재 기자들은 방송 1년 후 『검사와 스폰서,

묻어버린 진실』(2011)이라는 제목으로 단행본을 내기도 했다. 당시 요란스럽게 '진상규명위원회'가 만들어졌지만 이들은 결국 "진실 은폐에 신명을 다한" 꼴이 되고 말았다. 그리고 이러한 사건은 실제 인물의 이름만 바뀔 뿐 제목과 내용을 그대로 가져다 써도 될 만큼 닮은꼴로 반복된다.

한국에서 유흥과 접대는 성매매를 일상화하는 가장 큰 토대다. 2013년 형사정책연구원이 실시한 전국 성매매 실태 조사에 의하면 전체 성매매 알선 업체의 추정치는 4만4804개소였고 그중 유흥주점업이 1만2654개소였다. 유흥주점업의 성매매 알선 비율은 42퍼센트인데 여성들의 증언이나 일반 시민들의 인식을 참조했을 때 유흥접객원이 있는 업소는 '2차'를 통해 성매매를 할 수 있는 곳으로 통한다. 법적으로 유흥주점 허가를 받지 않고 불법적으로 도우미 등을 불러 영업하는 노래방이나 단란주점 또한 성매매 가능 업소로 여겨진다. 여성이 제공하는 접대 등의 서비스에는 성매매도 포함된다는 것이 오히려 상식으로 통하는 것이다.

유흥, 접대로 대표되는 한국 성매매 산업의 규모를 가늠하기는 여러 수치를 비교하는 것으로 가능하다. 2012년 공개된 기업 접대비 지출액 추이는 경기 침체에도 불구하고 오히려 계속 상승하여 2006년에 5조7482억 원이었던 것이 2011년에는 8조3535억 원이 되었다.[3] 2015년 방영된 드라마 「미생」에서 영업팀 사원들은 계약 성사를 위해 최상의 유흥주점을 예약하고 접대 여성까지 미리 섭외하며 '최선'을 다한다. 물론 2차로 성매매를 준비시키는 것까지 포함이다. 기업에서 접대는 '을'이 '갑'에게 하는 것으로서 기업 활동의 필수 요소처럼 자리해 있으며 '검사와 스폰서'가 그러했듯 작은 기업이 큰 기업에게, 기업이 공권력에게 상납하는 형태로 부당 거래의 일상적 수단이다. 그리고 여기서 전혀 은밀하지 않게 거래되는 상품은 여성이다.

법률 지원을 할 때 성매매 여성들의 업소가 대형 룸살롱일 경우 다른 유형의 성매매 업소에서 나올 때보다 긴장하게 된다. 대부분 규모가 크며 높은 비용을 지불해야 하는 유흥주점들은 이용하는 고객들이 곧 업소의 배경이다. 이들은 법을 두려워하지 않는다. 2015년 말 여수 유흥주점에서 일하던 여성이 업주에 의해 사망했을 때 해당 업소의 고객 가운데 여수시청 공무원과 경찰청 간부가 있었다. 유흥주점은 성매매 알선 업종 중 가장 비중이 높은 대표 업종이지만 경찰들은 대형 유흥주점 수사를 가장 꺼린다. 자본을 바탕으로 지역 유지로 행세하고 협회 등 업주 간 모임을 통해 힘을 과시하며 권력층과 대놓고 친분을 과시하는 이들을 제대로 수사하기를 현재의 경찰 시스템에 기대하기란 현실적으로 어려운 일이다. 유흥주점 성매매는 권력과 질게 결부된 채 기업화·대형화되어 있으며 유흥주점의 합법적 영업이라는 명분 아래 성매매 알선 행위는 은폐된다.

유흥접객원이란 무엇인가

유흥주점은 수준에 따라 1종(고급 룸살롱 등), 2종(가요방식 주점 등), 3종(소위 '떡집' '방석집'* 등으로 불리는 맥양집*)으로 분류한다. 영업 방식은 조금씩 다르지만 유흥접객원의 역할은 동일하다. 단지 고급과 저급이라는 분류를 통해 계급적 차별화를 만들 뿐 여성들은 동일한 서비스를 하고 있다. 분류에 상관없이 유흥주점에서 유흥접객원이 '유흥'을 위해 하는 '일'이란 술시중을 드는 테이블서비스부터 신고식(가슴과 성기를 보여주는 것), 피아노 치기(여성들의 허벅지를 애무하는 것), 함께 춤추기(3종에서는 나체쇼가 포함되기도 하고 노래방에서도 팁에 따라 가능하다), 가벼운 포옹과 키스, 삽입섹스 등등이다. 제공되는 서비스는 친밀감의 표시가 아닌 '일'의 내용으로서 이루어지는 신체접촉이다. '계곡주' '월경주' '발기주' 등등의 명칭에서 알 수 있듯 술을 마시는 행위에도 대상화된 여성의 몸이 포함된다.

일반적으로 드라마나 방송에서 볼 수 있는 유흥주점은 1종으로 분류되는 룸살롱, 비즈니스 클럽의 모습이다. 하지만 실제로는 2종과 3종으로 분류되는 업소의 숫자가 훨씬 많은데, 이러한 곳은 저렴하면서 '화끈한' 서비스를 무기로 걸고 업소 자체에 대한 투자를 적게 하면서 수익을 내는 곳이다. 이런 업소들은 더욱 노골적인 표현으로 '성적 봉사'를 광고한다. '삼천궁녀 항시 대기' '술+여우+마무리(룸에서 성매매까지 하는 것을 의미)' 같은 문구나 최고의 여성을 찾아 진상하는 '채홍사가 되겠다'까지, 유흥접객원이 어떤 일을 하는 직종인가를 적나라하게 보여준다. 소설 『댓글부대』에는 유흥주점의 룸 안이나 화장실에서 남성들이 여성에게 구강성교를 지시하고 정액을 삼키게 하는 장면이 나온다. 그리고 이는 내가 활동가로서 들어왔던, 과장 없는 현장 그대로의 모습이다.

대한민국 법은 이러한 여성들의 존재를 명문화하고 있다. 『식품위생법 시행령』에는 유흥종사자를 둘 수 있는 시설로 '유흥주점'을 규정하고 "'유흥종사자'란 손님과 함께 술을 마시거나 노래 또는 춤으로 손님의 유흥을 돋우는 부녀자인 유흥접객원을 말한다"고 되어 있다(제22조). 한국사회의 독특한 영업 형태이며 속칭 '룸살롱'으로 대표되는 유흥주점은 유흥과 접대를 위한 대표적 공간이다. 보건복지부 『성매개감염병 및 후천성면역결핍증 건강진단규칙』은 식품위생법의 유흥접객원과 티켓다방 종업원, 안마 시술소 여성 종업원을 대상으로 한다. 대상자들은 매독, 임질 같은 성병을 타인에게 감염시킬 우려를 가진 자들로서 의무적으로 정기검진을 받도록 되어 있다.

국가가 직접 공창을 관리해가며 성매매를 인정하는 구시대적 유물을 우리는 여전히 끌어안고 있다. '특수업태부'라 불리는 성매매 집결지 여성에 대한 공식적

성매개감염병 및 후천성면역결핍증 건강진단규칙

[표1]

【개정 2013.3.23】

성매개감염병 및 후천성면역결핍증 건강진단대상자 및 건강진단 항목 및 횟수(제3조 관련)

성매개감염병 및 후천성면역결핍증 건강진단 대상자	건강진단 항목 및 횟수		
	매독 검사	HIV 검사	그 외 성매개 감염병 검사
1. 「청소년보호법 시행령」 제6조제2항제1호에 따른 영업소•의 여성종업원	1회/6개월	1회/6개월	1회/3개월
2. 「식품위생법 시행령」 제22조제1항에 따른 유흥접객원	1회/3개월	1회/6개월	1회/3개월
3. 「안마사에 관한 규칙」 제6조에 따른 안마 시술소의 여성종업원	1회/3개월	1회/6개월	1회/3개월
4. 특별자치도지사·시장·군수·구청장이 불특정 다수를 대상으로 성매개감염병 및 후천성면역결핍증을 감염시킬 우려가 있는 행위를 한다고 인정하는 영업장에 종사하는 사람	1회/3개월	1회/6개월	1회/3개월

• 휴게음식점 영업으로서 주로 차 종류를 조리·판매하는 영업 중 종업원에게 영업장을 벗어나 차 종류 등을 배달·판매하게 하면서 소요 시간에 따라 대가를 받게 하거나 이를 조장 또는 묵인하는 형태로 운영되는 영업

성병 검사는 2004년 『성매매방지법』으로 폐지됐지만 [표1] 4번에서 보이듯 '우려가 있는 행위'를 한다고 인정하는 영업장에 종사하는 사람에 대해서는 국가가 성병 검사를 실시하도록 하여 일부 지역에서는 여전히 이 같은 '관리'가 국가 차원에서 이루어지고 있다. 물론 어차피 성매매를 할 바에야 검사를 해야 안전하다고 강변하는 이들이 많다. 하지만 국가 차원에서 '성매매 여성 대상 성병 검사'를 집행한다는 사실이 무엇을 의미하며, 이때의 성병 검사는 과연 누구를 위한 것일까.

관련 조항에서 '부녀자'만을 유흥접객원으로 칭한 것은 전근대적이며 성차별적이라는 이유로 2011년 보건복지부가 '부녀자'를 삭제하는 개정안을 제안했다. 같은 해 여성가족부는 『유흥주점영업의 유흥종사자 실태연구』를 실시했는데, 실제 사례를 분석해 유흥종사자 관련 법 규정과 개선 방안을 검토한 이 연구는 성매매를 근절하고 유흥문화를 건강하게 자리매김하기 위해서는 접객원을 두지 않는 "발상의 전환이 필요"하지만 "식품위생법에서 유흥접객원을 삭제하는 것이 이상적인 안이지만 실현 가능성은 거의 없어" 보이며 "유흥접객원을 남성으로 확대하는 방안은 이념적으로는 동의할 수 없지만 실질적으로 필요한 안"이라고 결론지었다. 당시 이명박 정부는 '호스트바 등의 영업을 기정사실화할 수 있는 근거가 될 수 있다'하여 남성을 유흥접객원에 포함시키는 안에 반대했다. 통계청의 2011년 발표에 따르면 "전국 유흥업소에서 일하는 호스티스, 웨이터, 밴드 악사 등 유흥업 종사자는 13만9904명이고 이들에게 한 해 동안 지급된 총금액은 1조9151억5000만 원으로 파악됐다."

일제강점기의 유곽과 함께 들어온 과거의 유흥 접대에서 유흥은 분명 우리의 것이 아니었다. 이 같은 방식의 접대는 어쩌면 한국 경제가 대외 의존적이던 긴 시기 동안 갑질에 휘둘리며 외세에 조아렸던 수많은 이의 상처였을 것이다. 하지만 1980년대 이후 독재 정부는 그들의 정치적 불의를 덮기 위해 '이제 너희들도 즐길 수 있다' 속삭였고 그 시간들을 지나 현재 한국의 일반 남성은 성 착취의 주역이자 공모자가 되었다.

접대공화국
—뿌리 깊은 부패

성매매 여성들이 자신들의 피해를 알리고 알선업자 등을 고소하려 할 때 가장 두려워하는 점은 공권력에 대한 불신, 즉 업주들이 경찰이나 법조차 맘대로 하리라는 사실이다. 실제로 업주들은 여성들에게 상시적으로 그들이 공권력과 가까움을 과시하고, 단속이나 처벌에서 언제든 빠져나올 배경이 있다고 이야기한다. 여성들을 통제하기 위한 협박성 발언에 불과할 때도 있지만 업주들의 상납, 뇌물 관련 사건들은 현실에서 연이어 일어나고 있다. 비즈니스에서 접대로 성매매를 제공하는 일상의 부패는 성매매 업자들의 자본과 권력이 되며 이렇게 주어진 힘이 다시 성매매 산업의 기반을 공고히 하는 것이다. 그렇게 뿌리박은 거대한 성매매 산업에 다시 공권력이 사로잡히며 이 산업은 한없이 단단해진다. 권력형 비리로서의 성매매 사건은 그 연대기를 나열하기가 힘들 만큼 수시로 뉴스에 오르내린다. 갱단이나 조직폭력배도 아닌 대통령이 요정과 같은 밀실에서 암살당하는 비운을 겪은 대한민국의 역사는 권력자들의 부패와 성매매가 요란스러운 짝이 되어 기록되어왔다.

2004년 『성매매방지법』이 제정되던 시기, 여성들의 증언을 통해 고위공직자 성매매와 접대 등 비리가 공식적으로 알려지기 시작했다. 이때 증언된 권력과 성매매의 유착 형태는 일선 경찰에서 최고위층 공무원에 이르기까지 또 사법부에서 언론, 정치계까지 실로 직급과 분야를 막론하는 것이었다. 당시 정계 권력자로 알려진 인물과 관계가 있다는 룸살롱에서 일하던 여성들의 피해를 알리기 위해 기자회견을 연 적이 있다. 여성이 직접 나서서 모 기관 공무원들이 접대를 받고 성매매한 사실과 업주의 폭행 등을 증언한 이 자리에는 기자들도 뜨거운 관심을 갖고 모여들었다. 그런데 회견 후, 당시 모여든 이들의 관심은 '혹시 내 이름이 명단에 있지 않을까'였다는 후일담을 다른 기자를 통해 들을 수 있었다.

"2008년부터 2012년 9월까지 뇌물, 음주, 성매매 등으로 적발된 전력공공기관 임직원의 비위 556건" "국토부 산하단체가 회의비로 룸살롱·안마업소를 출입" "근무하는 대학의 공금을 빼내 강남 룸살롱 출입하며 26억 횡령 탕진한 대학 교직원 구속" 같은 사건들은 이미 대단히 놀랍지도 않을 정도다. 2008년 9월 전국의 경찰이 『성매매특별법』 시행 4주년을 맞아 대대적인 성매매 단속에 나선 상황에서 당시 광주경찰청장은 "단속만이 능사가 아니"라면서 "성매매 업소 단속을 벌인 결과 성병 관리가 힘들어졌"으며 "결혼 전까지 남성들의 성적 욕구를 억제하기에는 현실적으로 무리가 있다"고 발언했다. 2009년 4월에는 당시 경찰청장이었던 강희락이 기자회견 중에 "나도 공보관 시절 기자들 모텔 많이 보내봤다" "성매매 재수 없으면 걸린다"고 말한 것이 기사화되었다. 정치권·언론사와 성매매 업소의 특별한 관계와 더불어 특히 사법부의 부패는 실명까지 거론되며 여론을 시끄럽게 했다. 그리고 이런 사법부, 특히 검찰과 연관된 성매매 관련 비리 사건은 대부분 제대로 된 처벌이나 개혁 없이 슬그머니 꼬리를 감추곤 했다.

법 집행 기관과 성매매 알선 조직의 유착은 단순히 부패한 개인의 문제가 아니다. 유착의 고리는 정의로운 한 사람이 내부에서 정화할 수 없을 정도로 조직화되어 있다. 이 문제는 2012년 초반 "룸살롱 황제 사건"에서 검찰과 경찰의 힘겨루기 과정을 통해 불거지게 되었다. '룸살롱 황제'라 불린 이경백은 강남 일대에 10여

곳의 룸살롱을 운영하던 업계 거물로, 2010년에 세금 42억 원을 내지 않고 미성년자를 고용해 유사 성행위를 하도록 한 혐의 등으로 구속 기소됐다. 이후 재판 과정에서 뇌물을 상납받은 경찰의 리스트를 검찰에 알려 경찰 수십 명이 거론되었고 상납 액수는 억대에 이르는 것으로 밝혀졌다. 하지만 이에 대해 당시 경찰청장 조현오는 "수사팀이 곧바로 이경백을 긴급체포했으나, 검찰의 불승인으로 어쩔 수 없이 석방시켰다"며 "압수수색, 통신영장 등도 모두 검찰에서 기각됐다"고 주장했다. 이경백이 "법원, 검찰에도 든든한 인맥이 있음을 과시했다"고 그는 덧붙였는데 이경백은 경찰 리스트를 검찰에 넘긴 후 진행된 항소심에서 1심의 '징역 3년6월에 벌금 30억'에서 '집행유예 5년에 벌금 5억5000만 원'으로 대폭 감형되었다.[4]

한편 포항의 유흥업소에서는 2010년 7월 7일부터 2011년 6월까지 1년여 동안 8명의 여성이 연달아 자살하는 사건이 있었다. 2010년 7월 세 명의 여성이 며칠 사이에 잇달아 자살했을 때 당시 담당 경찰 부서를 방문했다. 이들의 죽음이 몹시 전형적인 것이기에 업소의 성매매 강요와 선불금 등에 대한 조사를 철저히 해달라 요구하기 위해서였다. 그러나 당시 담당 팀장은 내가 자리에 앉기 전부터 화가 난 얼굴로 업주들이 피해자라며 언성을 높였다. 유흥주점들은 다 합법적 업체이고 성매매 업소가 아니며, 여성들의 죽음으로 영업에 방해를 받아 큰 손해를 본 것은 업소들이라는 것이었다. 이 사건이 성 산업 내부의 착취 구조에 의한 것이었음이 기획기사로까지 드러났지만[5] 경찰은 유흥주점 업주들의 주장에 따라 개인의 사채 문제로 이를 처리했다. 진실이 밝혀진 것은 죽은 여성들의 유가족과 여성단체의 지난한 싸움이 이어지고 사건 이후 1년이 지나서였다. 이 일은 SBS 「그것이 알고 싶다」 "포항괴담" 편을 통해 이슈가 되었다. 경찰과 업주 간 유착 비리 의혹과 함께 특별수사팀이 편성되었고, 이를 통해 당시 사건 수사를 맡았던 팀 전체가 수사 중에도 업소에서 접대를 받고 업주들과 골프를 친 사실 등 상상을 초월한 유착 관계가 드러났다.[6] 검찰 또한 이들 업소에서 업주의 변호사에게 접대를 받고 성매매를 하여 징계를 받았다.

> 법 집행 기관과 성매매 업자들의 결탁은 (…) 세계적인 현상이다. 성매매 산업의 공개성을 감안하면 이는 당연하다. 마약과 무기는 눈에 띄지 않게 밀반입하고 판매하는 일이 가능하다. 하지만 성매매에서 거래되는 '상품'은 최종적으로 운임을 지불하는 사람 앞에 투명하게 드러나야 한다. 그렇다면 성 구매자가 길모퉁이나 광고 전단에서 버젓이 거래되는 불법 상품을 찾아냈을 때 법 집행 기관도 똑같이 이것을 찾아내야 옳다. 그런데도 관계 당국이 성매매 근절을 위해 아무 일도 하지 않

> 는다는 사실은 이들이 성매매 문제에 무관심하고 그 심각성을 전혀 알지 못하며 오히려 성매매 업자들과 금전적 이해관계를 맺고 있음을 보여준다.[7]

2015년 청탁금지법('김영란법')이 시행된 뒤 접대 문화가 바뀌고 기업당 연평균 접대비가 줄고 있다고는 하지만 한국은 여전히 접대비로 연간 10조 원(2018년 10조7065원)을 지출하는 나라다. 이 접대비의 상당 부분이 유흥주점과 골프장에서 쓰인다. 경제 수준이 비슷한 다른 나라에 비해도 심각한 수치다. 국제 투명성기구가 매년 발표하는 부패 인식 지수에서 한국은 2017년 OECD 35개국 중 29위를 기록했다. 그리고 그 부패의 큰 단면인 뇌물 공여로서의 접대 관행은 성 산업의 보장된 수요를 낳는 동시에 튼튼한 공급줄을 다지는 요인인 것이다.

죽는 것은 유흥산업에 종사하는 여성들뿐만이 아니다. 2018년 3월 2일 부산 해운대의 초고층 빌딩 엘시티의 건설 외벽 공사 현장에서 작업하던 노동자 4명이 추락사했다. 사건 조사 과정에서 현장을 관리 감독해야 할 노동청 책임자와 근로감독관들이 포스코 등 건설 관계자들로부터 지속적인 향응을 받아왔음이 밝혀졌다. 심지어 이들은 사고가 일어난 뒤에도 해운대의 룸살롱에서 접대를 받았다. 이는 전형적인 부정부패가 결합된 인재다. 그밖에도 룸살롱 접대와 상납을 받고 부실 납품을 은폐한 한국수력원자력 직원들 이야기나 룸살롱 접대를 받고 사업 편의를 봐준 한국전력공사 등, 비슷한 뉴스는 계속 나오고 있다.

또한 성매매를 수반한 남성 중심적 회식과 접대 관행은 여성들에게 또 다른 유리천장으로 작용한다. 중요한 결정을 공유하고 관계를 만드는 이 남성들의 유흥에서 배제당한 채 수많은 기회를 잃는 여성들, '을'의 위치에서 접대의 부담에 시달려야 하는 기업들, 이를 견디지 못하는 남성들 또한 이 거대한 산업의 희생자다.

한국의 성 산업은 조직적으로 움직이며, 상시적 뇌물 상납 및 로비와 뗄 수 없다. 이 뿌리 깊은 부패가 곧 『성매매방지법』 이전의, 인신매매를 포함한 엄청난 규모의 성 산업을 키운 토대였다. 그리고 이 부패가 『성매매방지법』 이후에도 법을 무력화하고 끝끝내 성매매로 이어지는 권력형 비리를 존속시킨다. 『성매매방지법』과 함께 기대되었던 한국 성매매 시장의 변화는 이렇듯 변화를 주도해야 할 국가 기관과 사회지도층에 의해 정체되어 있다.

성 구매자,
시장의 노예

2018년 10월, '유흥탐정'이 등장했다. 남자친구나 남편의 성 구매 이력을 알려주겠다는 홍보 문구와 함께 며칠 사이 이를 사용한 후일담과 사연들이 넘쳐났다. 최초 이 사이트를 개설했던 이는 단 10여 일 만에 경찰에 붙잡혔다. 성 구매 후기 사이트들이 우후죽순 생기고 운영되어도 알선업자들끼리의 알력 싸움으로 내부 제보가 있을 때나 잠시 수사하다 말던 상황과 비교하면 유흥주점 관련 수사에서 지극히 오랜만에 경찰이 유능함을 보였다. 당시 기사에 따르면 유흥탐정은 10여 일간 800여 명의 기록을 확인해주고 약 3000만 원의 수익을 올렸다. 그런데 어떻게 이런 서비스가 가능했을까? 그 배경에는 업주들이 공유해온 1800만 명이라는 방대한 양의 성 구매자 데이터베이스 '골든벨'이 있었다.

2019년 '밤의 전쟁'이라는 성매매 알선 포털사이트가 수사 끝에 폐쇄되었다. 가입한 회원만 70만 명이 넘고 게시된 성매매 후기가 21만여 건에 이르렀던 국내 최대 성매매 알선 사이트였다. '밤의 전쟁'을 개발하고 운영한 업자들은 이전 운영하던 '아찔한 밤'이 2016년 단속을 받자 같은 플랫폼에서 '아찔한 달리기' '밤의 전쟁' 등으로 사이트 이름을 바꿔가며 영업을 이어왔다. 성매매 포털 사이트에는 광고를 올리는 성매매 알선 업소 이외에도 광고 대행사, 제작 업체, 헤비 업로더 등이 연루되어 있다. 이들은 성 구매자들을 끌어들이기 위해 다양한 홍보와 미끼용 상품을 제공하고 무엇보다 성 구매자들의 자발적 참여를 독려한다. 70대 여성을 찍은 '성매매 인증 샷'으로 공분을 샀던 '일베 박카스남' 사건에서 최초 사진을 찍은 이는 40대 구청공무원으로, 사이트에서 회원 등급을 올리기 위해 사진을 찍어 올렸다고 했다. 이런 식으로 성 구매자들은 경쟁적으로 사진과 영상을 올리며 알선 사이트의 충성스러운 '홍보맨' 역할을 한다. 그리고 많은 남성의 '좋아요'를 받아 등급이 오르고 방장이 되어 '인정'받으려 애쓴다. 이 황당한 인정 경쟁은 사실 업자들의 손바닥 위에서 놀아나는 꼴이다. 스스로 돈을 뿌려 성 구매를 하고 자발적 홍보에 자랑스럽게 열을 올리는 이들의 후기는 수십만 개나 된다. 이런 성 구매 후기에는 여성에 대한 품평과 인증 사진 등이 무수히 올라온다. 대상이 된 사람에 대한 인격모독을 포함한 비하와 혐오는 이미 구매자의 권리인 양 여겨진다. 생물학적 조건들이 가격을 매기는 기준이 되고 이를 공유하며 '노는' 그들에게 기본적인 인권은 고려 대상이 아니다. 남성들이 이런 문화, 이런 인식에 길들여진다는 게 과연 어떤 사회적 가치를 형성할지는 너무나 분명하다.

2010년 전후부터 부쩍 일본과 국내의 성매매 업소에서 찍힌 영상과 사진 때문에 괴로워하던 여성들의 상담이 늘었다. 하지만 이들은 차마 고소할 용기를 내지 못했다. 오히려 자신이 더 드러나게 될 뿐 피해의 복구는 요원할 것이라 생각해 포기하는 것이다. 그저 구매자들이 혹시 사진이나 영상 촬영을 하는 건 아닌지, 티 나지 않게 계속 살피는 수동적 방어가 전부인 경우가 많다. 그러나 때로 몰래 찍다 들킨 구매자들은 오히려 의심을 한 것이 불쾌하다고 큰소리치며, 돈을 돌려달라고 적반하장으로 나오기가 다반사다. 때문에 길거리 성매매 여성들은 사진 찍는 걸 알면서도 묵인하거나, 자신의 주위 사람들이 보지 않기만을 바란다고 했다. 거절과 저항이 있을 것을 알면서도 사진과 영상을 찍고 부지런히 업로드하는 남성들은 누구의 인정이 필요한 걸까.

한국의 성매매는 집단문화다. 남성 집단 내 결속의 장으로 기능한다. 어린 시절부터 남성 동성 집단 내 학습으로 성 구매는 당연시된다. 그동안의 많은 연구가 성 구매가 문화적으로 구성되는 것임을 보여주고 있다. 남성 본능이 성 구매를 가능케 하는 것이 아니고 그게 가능한 사회적 환경이 토대를 만드는 것이다. 실제 성 구매는 돈으로 결정되는 소비 행위다. 성매매 집결지의 경우에도 구매자들은 30~40대 결혼한 직장인이 가장 많다고 여성들은 증언한다. 연구를 봐도 직급이 높고, 소득이 높을수록 성 구매 경험 비율도 높아진다.

유명 연예인이 성매매 관련 업소를 갔다거나 청소년을 성 구매 했다는 뉴스는 심심치 않게 들린다. 현장에서 만나는 여성들에게 유명인들에 대한 이야기를 자주 듣게 된다. '내가 있는 업소에 누가 왔었다'는 얘기부터, 유명 연예인들 중 업소에 와도 여성들에게 함부로 대하지 않는 극소수의 인물이 누구인지, 또 누가 어떤 진상 짓들을 하는지에 대해서도 이야기한다. 여기서 짚어야 할 것은 이런 유명인들이 말이 돌 것을 개의치 않고 성 구매를 해왔다는 것이다. 그럴 수 있다는 사실이다. 비단 연예인뿐 아니라 정치인, 언론인 등 자신의 커리어 관리를 위해 여론의 시선에 민감할 수밖에 없는 이들이 성 구매에 나선다는 것은 그들을 상대하는 성매매 여성의 목소리를 의식하지 않기 때문이며, 그것이 크게 문제시될 일이라 여기지 않는 사회 환경에 기인한다.

외화 벌이, 경제 성장을 위해 관광과 접대 상품으로 관리해온 성매매의 역사가 남성들의 성 구매를 일상적인 사건으로 만들어놓았다. 이런 역사와 시간이, 교사가 교실에서 학생들에게 자신의 성 구매 경험을 자랑할 수 있는 현재를 만들었다. 유흥주점에서 접대를 받거나 그러한 일을 목격한 이야기, 그곳에서 제자를 만난 이야기까지 재미 삼아 말할 수 있게 만들었다.

몇 년 전 대구의 한 교실에서 교사가 해외여행을 가서 성 구매를 한 경험담을 수업 중에 이야기했다. 학생들은 이 사실을 외부에 공개했다. 학교와 지역사회가 놀라서 대응하고, 징계 절차에 들어갔다. 학생들이 문제시할 것을 생각조차 못 하고 이를 떠벌린 그 교사에게 이것은 일회적 사건도 아니었다. 남교사 무리가 체육대회 후에 성매매 집결지를 다녀왔다는 얘기도 다름 아닌 바로 그 교사의 입을 통해 알려진다. 바뀐 것은 다만 이것을 문제시하는 시선이 생겼다는 것이다.

해외여행 상품으로 '황제골프여행'을 구매한 이들이 필리핀에서 미성년자 성매매 혐의로 협박당해 돈을 주고 풀려났다. 판매자가 현지 경찰까지 섭외한 '셋업 범죄'에 당한 것이었다. 일본인들이 한때 한국으로 기생관광을 왔듯 한국 남성들이 성 구매 관광으로 해외에 나가고 있다. 여행사들은 '밤 문화'라는 이름으로 이 상품을 팔고 성매매 업소를 소개한다. 마치 휴대폰 없이 살 수 없는 세상처럼, 성 구매 없이 생존이 어려운 남성 동성 사회가 만들어져 있다. 남성들의 행위성은 그 안에서 얼마만큼 지갑을 열 것인가에만 있다. 성매매하고, 성매매 사실을 경쟁하고 인증하는 이 소비자들은 알선 시장의 노예다. 돈을 바치고 열광적으로 후기를 게시하며 인정받으려 애를 쓴다. 성 구매로 자신의 존재를 증명하도록 만들어진 사회에서 남성들은 성 구매자로 창조된다.

성 구매자는 '주인님'이 될 수 있는가

구매자가 여성을 돈 주고 샀다고 생각하는 것처럼, 성매매 여성도 말한다. "손님도 딱 돈 낸 만큼으로만 본다." 기분을 맞춰주고 더 많은 돈을 쓰도록 하는 시스템 속에서 여성들은 생각한다. '길에서 만나면 상종도 안 할 것들이.' 그렇게 위안하며, 오로지 그 순간 자신이 '똥보다 못한 취급 받는 건 오직 돈 때문'이라고 생각한다. 이는 30년을 성매매 현장에 있었던 C의 말이었다. 그래서 대부분의 여성에게 가장 큰 진상은 할 거 다 하고 돈을 안 내거나 사정 못 했다고 또는 서비스가 맘에 안 든다고 돈을 돌려달라고 하는 이들, 정해진 서비스 외에 더 많은 걸 요구하면서도 돈은 더 내지 않는 이들이다.

구매자들은 성매매 여성을 멸시하며 '돈 받고 몸이나 파는 주제에'라고 생각한다. 그러나 그 생각은 스스로에게도 함정이다. 그 역시 그 '돈'이 없으면 아무것도 아닌 것이다. 그러나 이를 쌍방으로 인지하지 못하는 구매자들은 '왜 무시하냐' '날 돈으로만 보냐'고 시비를 건다. 성매매 여성으로서의 경험을 담은 책 『길 하나 건너면 벼랑 끝』에서 저자는 "정말 궁금해서 물어보는데, 이 일은 왜 하고 있어?" "나는 어떤 존재야" "내가 돈으로 보였냐" "애인이 있어서 나에게 정을 안 주냐"고 묻는 구매자의 말에 답이 궁하여 난감했던 순간을 쓰고 있다. 그는 "어이가 없었지만 딱히 대답할 말도 떠오르지 않았다"고 한다. 돈을 받고 잠시 몸을 판 사이일 뿐인 것이 당연하지 않은가.

성매매 남성들은 서로에게 작업* 거는 여성에게 잡혀서 '호구'가 되지 말라고 '조언'한다. 하지만 그게 그 시장의 논리다. 여성들이 개별적 의도를 가지고 구매자들을 속이는 게 아니다. 흥분한 척, 기분 좋은 척, 좋아하는 척 연기하는 것이 성매매 시장의 옵션이다. 그리고 구매자들은 제 구매가 그 기본 옵션에 충실하기를 기대한다. 이와 동시에 자신에게만은 진심이길 바라고 또 그럴 거라 믿는다면 그건 구매자의 규칙 위반이다. 그리고 그런 규칙 위반으로 욕을 먹고 비난을 받는 건 대개 여성들이다. 성매매 업소에 있는 여성에게 한 남성이 카드 빚을 내가며 지극 정성으로 업소를 다녔다. 임금노동자인 남성은 결국 몇 개월 만에 파산에 이른다. 그의 모친이 이를 알고 업소를 찾아가 여성을 꽃뱀이라 부르며 사기로 고소하겠다 한바탕 난리를 친다. 이런 일은 드물지 않다. D는 고정으로 오는 단골 손님이 명품가방과 시계 등을 사주었지만 내심 불편한 마음이었다. 남성이 그다지 여유 있어 보이지도 않는데 혹시 문제가 생기지 않을까 염려했다. D는 제게 필요치도 않은 그 선물들을 모친에게 주었다. D가 무슨 일을 하는지 대강은 알고 있는 어머니였지만 선물을 주니 어디서 생긴 건지 묻지 않고 기뻐했다고 한다. 하지만 1달쯤 지난 뒤 손님의 아내라는 여자가 업소를 찾아와 선물을 돌려달라고 협박했다. 업주는 시끄러워지니 다시 주라고 했지만 D는 난감했다. 터무니없이 비싼 그 물건값을 갚아줄 수 없어서 결국 그 업소를 그만두었다. E에게는 단골손님이 있었다. 그는 일용직으로 일하는 것 같았다. 그 손님은 가끔씩 와서 100만 원 이상의 돈을 하룻밤에 쓰고 갔다. E뿐 아니라 가게의 다른 여성들에게까지 팁을 뿌리고 긴밤*을 끊었다. E는 그 손님이 한편 안됐다는 생각이 들었다고 했다. E는 보풀이 일어난 옷가지와 낡아 해어진 손님의 속옷을 벗기며 늘 복잡한 심경이었다. 그 돈을 스스로에게 쓰지 못하는 것이 측은하면서도, '저도 남자라고' 이런 데 와서 아까운 돈 펑펑 쓰며 왕처럼 거들먹거리는 태도를 보며 '그래 어차피 다른 곳에 가서 그러고 쓸 바에야 나한테 써라' 그런 맘이었다고 했다. 어차피 말릴 수 없을 그의 행동을 그저 견뎌주는 것으로 최소한의 예의를 보이는 것이다.

이것이 구매자들이 만드는 세상이다. 그런데 돈이 없어 더 이상 성 구매를 못 할 때 그들은 여성들에게 폭언과 폭행, 살인까지 저지른다. 자신들의 삶을 그렇게 만든 구조, 누가 성매매를 승인하고 세상을 성매매 판으로 만들어놓았는지는 보려 하지 않는다. 길거리 업소 홍보 포스터에는 '죽기 전에 한 번은 가봐야 할 곳'이라는 카피가 쓰여 있다. 2019년 전국에 깔려 있던 포스터였다. 마치 하나의 기획사가 만든 것 같은 그 포스터는 남원, 경주, 대전 등지의 길거리에서 다국적 미녀가 나온다는 유흥업소를 홍보하고 있었다. 그렇게 좋은 곳을 한 번도 못 가보고 죽을지도 모를 전국의 불우한 구매자를 위해, 꼭 한 번이라도 가보라 부추기는 그 홍보 문구는 성매매를 일상의 경험으로 제시하는 한편 구매력이 없는 이들을 비웃는다. 이토록 성매매를 권하는 사회에서 성 구매자로 나선 이들은 자신의 돈을 쓰며 스스로를 돈으로 평가하는 시스템에 적극적으로 복무한다. '성매매 경험 당사자 네트워크'의 당사자 활동가들은 성 구매자들이 가장 많이 부르는 노래로 '사람이 꽃보다 아름다워'를 꼽았다. 여성들을 불러 온갖 짓을 다하는 이들이 푸근하고 행복한 표정으로 사람이 꽃보다 아름답다고 노래하는 모습을 보며 그들은 무엇을 느꼈을까.

30대 초반에 자궁암으로 수술을 받게 된 F와 함께 구매자들에 대한 이야기를 하고 있었다. 성매매를 하는 여성들은 자궁경부암이나 간암같이 삽입성교로 인한 발생 확률이 높은 질병에 취약하다. 어떤 질환을 가지고 있는지 알 수 없음에도, 콘돔 없이 하려는 남성들이 많기에 여성들은 그저 재수가 좋기만 바랄 수밖에 없다. 그런 걱정을 나누며 '진상 손님'에 대한 얘기를 하던 중에 성기 확대 수술을 받아서 성매매 여성들조차 꺼리는 남성에 대한 이야기가 나왔다. F는 자신이 그런 진상 전문이라며, 수술로 성기를 너무 크게 키워서 다른 여성들이 받지 않는 손님들을 받아주면 고맙다고 좀 더 돈을 얹어주기도 한다고 했다. '아니, 왜 그렇게 키우는 걸까, 돈도 들고 아플 텐데'라고 말하니, F는 '남자들끼리 비교하며 기죽지 않으려고 그러는 것'이라 했다. 40년간 성 구매를 했다는 자부심에 차 있던 남성을 인터뷰하면서도 이와 같은 얘기를 들었다. 그는 성 구매를 할수록 '본전'이 아까워서 더 오래 버틸 수 있는 방법을 강구했다. 약물도 삽입하고, 인테리어*도 하고, 결국 성기 확대술까지 받았다. 하지만 그도 알고 있었다. 성기를 키우면 성매매 여성들은 싫어하며, 아무리 돈을 더 준다고 해도 거절당하기 십상이다. 알면서도 그는 성기의 크기에 연연했다. 남성 성기능 장애 치료와 비뇨기과 광고는 성형외과만큼이나 많다. 그 '성능'을 유지하고 남성의 힘이라는 것을 과시하려 구매자들이 얼마나 애쓰는지, 성매매 여성들도 안다. 대규모 성 산업을 보유한 일본과 한국의 커플 간 섹스 횟수는 거의 바닥권이다. 일본이 항상 최하위를 면치 못하는 분야다. 거대 규모의 성매매 시장은 남성들에게 '돈만 있으면 너도 주인님이 될 수 있다'는 망상을 심어준다. 그러나 대체 누구의 주인인가. 성 구매자는 섹스에서 소외된 시장의 노예일 뿐이다.

남성 동성 사회
—갑과 을들의 놀이문화

『성매매방지법』 제정 1년 전인 2003년, '한국여성의전화'가 실시한 성매매 인식 관련 설문조사에 따르면 응답한 남성의 약 50퍼센트가 성매매 경험이 있다고 답했다. 현재의 통계와 유사한 수준이다. 성 구매 동기는 '술자리에서 어울리다가'(46.6%)가 가장 많고 '접대 관행상'(12.9%)이 두 번째로 많았는데 이는 한국 남성들의 성매매가 사회문화적 구조 차원에서 재생산되고 있음을 의미한다. 또 앞으로 성 구매를 할 상황에 놓인다면 어떻게 하겠냐는 질문에는 성평등 의식이 낮은 집단의 성 구매 의도가 높게 나타났다.[8] 이는 성 구매를 범죄시하지 않고 남성들 술자리의 오랜 관행처럼 지속해온 결과다.

남자 청소년의 성범죄도 마찬가지다. 우리 사회는 미성년자가 상호 동의하에 교제하고 섹스하는 것은 비행 취급하면서 스너프필름이나 야동을 돌려보고 성 착취를 일삼는 행위에는 '남자애들이 그럴 수도 있다'고 말해왔다. 그런 걸 '남자답다'고 용인해온 시간들이 쌓여 현재 남자 청소년들은 성 착취 범죄의 주범이자 공범이 되었다. 남자는 성공하면 여자를 원하는 대로 고를 수 있다는 성매매 사회의 교육 각본은 성매매를 부추기는 데 그치지 않고, 이 성공 각본에서 탈락한 남성들을 피해의식에 갇힌 음지의 성범죄자로 키운다.

지금까지 강조했듯 한국 남성 동성사회의 핵심에는 성 접대를 기본으로 한 유흥 접대 문화가 있다. 갑과 을이 존재하는 접대라는 구도에서 약자인 개개인이 받는 압박은 물론이고, 친구나 동료 관계에서조차 여성 도우미나 접객원을 꺼리면 무리에서 따돌려질까 봐 동참하는 이들도 있다. 이러한 '동성사회'를 갖고 있는 한국 남성들은 마치 그 생존 조건의 기본값인 양 성매매 경험을 가지고 있다. 신입사원을 환영하는 회식 자리에서 마치 큰 선물처럼 성 구매를 '시켜주는' 상사를 거절할 수는 없다, 와 같은 식이다. 거래처 직원들을 접대하느라 상시적으로 유흥업소에 가야 했던 남성은 '처음에는 충격이었지만 곧 일상이 되었다'고 말한다.

> 다양한 이유로 성 구매의 현장에서 가급적 빠지고 싶어하는 남성 개인들이 존재하게 된다. 이럴 경우 '집단'의 목소리는 그들에게 '강요'로 다가오게 된다. '개인에게 열외는 없다'는 집단의식과 '명령에 복종해야 한다'는 서열의식이 강요되면서 집단에서 벗어난 행동에 대해 동료들에게 제재를 취하기도 하며, 성매매의 거부가 집단 구성원으로부터—남성성을 상징하는—경제적 능력의 상실로 해석되어지면서 개인은 성 구매를 권유받기도 한다.[9]

이런 이야기를 하는 것은 성매매하는 한국 남성 역시 구조적 피해자일 뿐이라 말하기 위함이 아니다. 이런 '평등한 성매매 권리'를 강요하는 남성 문화가 서로를 공범화하여 무엇으로 기능하는지를 보기 위해서다. 남성들은 다른 한 성별을 돈으로 살 수 있는 물건으로 만들고 다 함께 그 구매권자가 됨으로써 그들 사이의 위계에 내재하는 착취와 폭력을 지워버린다. 절대적으로 낮은 계급(비남성)이 존재할 때 남성 간의 위계는 상대적 특권이자 견딜 만한 것이 된다. 그리고 그 특권을 잃지 않기 위해 남성 동성 집단은 부조리에 침묵하거나 착취에 공모한다. 또한 동성 사회에서 힘 있는 남성의 착취를 고발하는 대신 그들 외부의, 보다 낮은 계급인 여성에게 박탈감을 전가하고 분노를 퍼붓는다.

그러나 그 실체는 결국 자본을 가진 남성이 일방적으로 휘두르는 게임이다. 소설 『댓글부대』에서 세 남자는 권력에 붙어 이익을 나누어 가지리라 기대하며 여성의 몸을 착취하는 데 공모하지만 결국 가진 것 없는 몸들은 그 게임 안에서 서로를 소외시키고 가진 자들의 조종 아래 춤추고 있을 뿐이다. 최태섭이 쓴 '만들어진 한국남자'라는 표현은 이 같은 남성지배의 모습을 잘 설명한다.

> 남성지배란 소수의 권력을 가진 남성들을 위해 다수의 별 볼일 없는 남성들이 열과 성을 다해 복무하는 불공정한 게임이다. 즉 지배의

> 비용은 남성으로 호명된 모두가 지고 있지만, 지배를 통해 얻어낸 산물은 일부가 독식하는 구조다. 이 일부는 동료 지배자들을 위한 배당금도 자신의 주머니에서 꺼내지 않는다. 이들이 주는 배당금은 여성과 비-남성에게 행해지는 차별이다. 즉 남자들은 자신들의 발밑에 자신보다 더 못한 이들이 있다는 것을 보며 얻는 위안과 약간의 반사 이익을 위해 가부장제의 수호자 노릇을 하고 있는 것이다.[10]

그리하여 그들의 위계적 놀이문화에는 배당금으로서 여성 착취가 필요한 것이다.

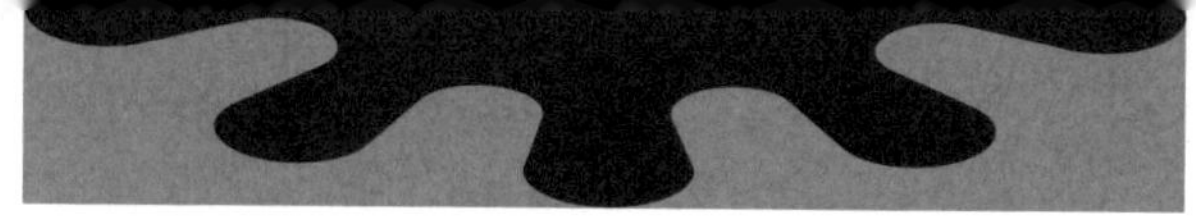

2011년 여름, 포항

2011년 6월 13일 포항에서 한 여성이 자살했다. 그는 포항의 유흥업소에서 일하고 있었고 '사채를 갚기 힘들다'는 유서를 남겼다. 그는 여덟 번째였다. 포항에서는 1년 사이 유흥업소 여성의 자살이 잇달아 일어났다. 시작은 2010년 7월 7일부터 12일까지 세 명의 여성이 연달아 목숨을 끊은 사건이다. 당시 한 지역의 유흥주점에서 일하던 이들이 유서 한 장 남기지 못하고 연이어 죽음을 택한 것에 분노와 의문을 안고 포항으로 달려갔었다. 지역 단체들과 추모제를 하고 유가족을 만나면서 당연히 세 여성을 죽음으로 내몰았던 원인에 대해 지역에서 조사하고 문제를 풀어나갈 것이라 기대했다. 하지만 결과는 여성들을 고용했던 업소들에는 전혀 죄를 묻지 않고 몇몇 사채업자를 구속하는 것으로 끝이 났다. 이후 심층 기사를 통해 포항 유흥주점 업소들의 횡포와 여성 착취 실태가 드러났지만 그저 어디에서나 일어나는 일로 치부되었다. 기세등등한 업주들은 활동가들의 평화 집회에도 맥주병을 던지며 욕설을 해댔고 이는 모두 경찰이 지켜보는 앞에서 일어났다. 경찰은 그저 보고 있었고 업주들은 당당했다. 엄청난 세금을 내며 장사를 하고 있음을 자랑스레 외치며 여성들의 자살로 장사를 망쳤다 큰소리쳤다.

그렇게 그 여름 자살한 세 사람을 세상은 없었던 일처럼 지우고자 했다. 하지만 자살은 또 일어났다. 2010년 10월부터 2011년 1월까지 또 포항 유흥업소에서 세 여성이 자살했다. 그리고 이 역시 단순 자살 사건으로 내사 종결되었다. 죽기 직전까지 아무런 예고도 없었다가 급작스레 자살을 택한 이 여성들은 그저 '집안 사정 때문에' '애인의 변심 때문에' 등등의 이유로 삶을 비관해 세상을 등진 것이 되었다. 경찰과 검찰을 찾아가 좀 더 철저히 수사해달라고 항의도 하고 간청도 했지만 그저 그뿐이었다.

2011년 3월 15일 일곱 번째 여성의 자살이 보도되었다. 포항 대잠동 유흥주점에서 일하던 여성이었고 이번에는 유서를 유가족이 발견했다. 유서의 내용은 업주로부터 참을 수 없는 모욕을 당했고 자신은 선불금 때문에 성매매를 했으며 그 장부가 있다는 것이었다. 유서는 오로지 업주를 향한 억울함을 비통하게 토로하고 있었다.

우리는 다시 포항에서 추모제를 열었다. 이제 더 이상의 죽음을 볼 수 없다는 각오로 여성인권운동 단체와 포항 지역 단체들과 함께 '포항 유흥업소 성 산업 착취 구조 해체를 위한 대책위원회'를 꾸렸다. 2011년 4월 7일 대책위원회 발족 기자회견과 추모제를 가졌고 관련 제보와 상담을 받을 핫라인을 개설했다.

그리고 그들을 만났다. 일곱 번째로 죽음을 택했던 여성의 유가족과 친구들을. 그들은 가족과 친구의 억울한 죽음 앞에서 용감했다. 경찰을 직접 찾아가서 왜 제대로 수사하지 않는지 항의하고 우리와 함께 진정서를 쓰고 방송 인터뷰에 긴긴 시간 응해주었다. 자신들이 입을 피해를 감내하면서 그 여성들은 죽은 이의 억울함을 풀고자 할 수 있는 모든 것을 했다. 그렇게 해서 그들을 통해 우리는 여성들의 잇단 자살의 구조적 원인에 대해 알 수 있었다. 그리고 세상에 알릴 수 있었다. 다음은 이들이 겪은 착취 실태다.

일상적으로 구조화된 착취

1	선불금 제공 후 이에 대한 고이율의 이자를 여성들에게서 착복함
2	T.C.* 요금과 2차(성매매) 비용에서 세금과 구좌(MT비)*를 공제함
3	손님들이 술값을 외상으로 처리할 때 이 비용을 여성이 책임지고 받아내야 하고 받지 못하는 술값을 여성들이 물어내야 함
4	유흥주점의 경우 테이블 술값이 상당한데 손님들이 이 돈을 다 내지 않는 경우가 많고 비용을 깎을 경우 차액을 그 테이블을 담당한 여성들이 대신 내도록 함
5	유흥주점에서 일하기 위해 필요한 많은 비용(홀복, 화장품비, 방값 등)을 여성들이 책임지도록 하여 모든 비용을 공제하면 급여로 남는 돈이 거의 없음

업주들의 상시적 세금 탈루와 여성들의 피해

1	아무것도 기입하지 않은 카드 명세표(일명 무지카드)를 받고 이를 여성들에게 대가로 지불하거나 무지카드 처리를 해주는 업주들에게 영업권을 주는 등, 종사 여성들과 주변 상인 등을 공범화하는 불법 영업 구조
2	무지카드 사용을 통해 구매자들은 자신들의 카드 사용처가 유흥주점으로 드러나지 않고, 업주들은 이를 업장 수입으로 잡지 않을 수 있다. 이를 업소 여성에게도 사용해 지출(가불 형태의 급여)이나 계산(정해진 급여일에 일한 비용을 지급하는 것)을 현금이 아닌 무지카드로 준다. 그러면 여성은 무지카드를 받아주는 업소 주변의 상가 등 제한된 곳만을 이용할 수 있으며 일에 필요한 물품을 살 때조차 상대적으로 비싼 금액을 치르게 된다. 이러한 유흥주점 집결 지역에서 여성들은 숙소와 상권을 포함한 모든 먹이사슬의 맨 아래 놓이게 된다.

2차 강요

1	2차를 하지 않으면 일할 수 없도록 강제된 구조
2	손님이 2차를 요구할 경우 이를 거절하면 받을 불이익 때문에 절대 거절할 수 없음

지역 기관 및 인사(경찰, 고위공무원, 세무서, 기자 등)와 유흥주점 업주들의 유착

1	경찰과 검찰이 업주들과 유착 관계 혹은 고객이며 때문에 업소의 불법 행위에도 제대로 된 수사를 하지 않으리라는 공권력 불신이 종사 여성들에게 '빠져나갈 수 없다'는 절망감으로 작동
2	유흥업소 여성들 사이에 업주와 경찰이 공모하여 사건을 은폐한다는 소문이 퍼져 있었음
3	관련 기관 인사들이 자신들도 포항 유흥주점을 이용하고 있다고 공공연히 이야기하는 상황. 지역의 폐쇄성에 더해 모두가 공모자라는 분위기는 여성들이 희망을 갖고 해결을 위해 나설 수 없도록 만듦
4	지역 공공기관에서 일하는 사람이 성 구매자였고 업주 또한 수시로 자신이 공공기관 인사들과 친분이 있음을 종사 여성들에게 이야기함
5	업주들이 자신들의 불법 이익을 도모하기 위한 협회를 만들고 착취적 관리 방식을 표준화해 적용하도록 강요하며 문제가 생길 때 직접 개입해 이권을 통제함

2011년 4월 포항시와 경찰이 꾸린 자살 방지 대책반은 그저 형식적인 모양새만 갖추었고 우리가 요구한 간담회에서는 그저 열심히 하고 있다는 말만 요란할 뿐이었다. 포항 대잠동 유흥주점 업주들의 모임으로 여성들의 인권 유린적

착취 구조를 유지하고 강화시키는 역할을 했다는 '한마음회'에 대해서는 수사조차 하지 않았으며 업소들의 선불금 제공을 통한 성매매 강요·알선과 불법적 영업 형태 등에 대해 세무조사와 단속 등 특단의 조치를 하겠다던 약속은 몇 번의 업소 방문으로 그만이었다. 일곱 번째 사건에 대한 업주의 수사 내용은 유가족과 친구들의 진정에도 불구하고 압수수색이 뒤늦어 증거조차 제대로 찾지 못했고 재판이 열리기도 전 업주는 오히려 리모델링한 업소에서 영업을 재개했다.

진척 없던 수사에 대전환이 일어난 건 이 사건이 「그것이 알고 싶다」에서 다루어진 직후였다. 중앙경찰청 차원에서 수사를 지휘하면서 지방경찰청에 특별수사팀이 꾸려졌다. 우리의 활동이 알려지면서 사건이 일어났던 유흥업 집결지 외 수많은 유사 지역 성매매 여성들을 상담하고 지원했다. 보도방과 사채업자들, 방석집과 집결지까지 이곳저곳에서 여성들이 처한 상황은 참담하기만 했다. 포항만의 문제는 아니다. 전국에 이런 식으로 여성들을 착취하는 성산업이 구조화되어 있다. 매번 일상화된 성매매를 둘러싼 착취 구조를 당연한 것으로 만드는 현장에서 여성들은 죽음으로 호소하고 있다. 목숨을 건 그들의 외침은 '이제 더는 안 된다'고 말한다. 우리는 그들의 목소리에 답해야 한다. 더 크고 단호한 목소리로 '이제 더 이상은 안 된다'라고.

상품이 된 여성들

성매매를 왜 하냐고?

2019년, '명품백 멘 성매매 여성들에게 영원히 사과 않겠다' 발언한 남성 구의원이 있었다. 그의 '소신'에 환호하는 유튜버, 댓글러, 정치인들이 그를 영웅으로 만들어주었다. 남성들이 이토록 순식간에 한마음으로 적대하는 '명품백 멘 성매매 여성'은 대체 누구일까? '대학생 알바가 많다' '요즘은 다 살 만한 애들이 사치하려고 (성매매) 한다' 고 말하는 이들에게 나는 대체 어느 업소에 다니느냐고 묻고 싶다.

내가 만난 성매매 여성은 10대부터 70대까지 다양하다. 이제 막 몇 차례의 성매매를 경험한 이부터 거의 50년 이상을 해온 여성까지 그 경험의 무게는 모두 달랐다. 하지만 강남의 텐프로부터 외딴섬의 티켓다방, 성매매 알선 사이트를 떠도는 프로필 속 여성들까지, 그들이 성매매 시장 안에 있는 이유는 단 하나다. 그들에게 성매매는 생존을 위한 '일'이다. 돈을 벌기 위해 그 일을 한다. 이들은 일회적으로 성매매를 한번 해보고 '나 성매매 했었다'고 하지 않는다. 외부에서 생각하는 일회적 성매매와 관련 일을 한 여성이 자신을 성매매 여성으로 정체화하는 것은 별개의 영역이다. 그들이 성매매를 '내 일'이라 수용하는 데는 별도의 어떤 경계가 있다. 이 여성들에게 성매매는 단 한 번 혹은 잠시의 사건이 아닌, 생존을 위해 삶을 살아내는 과정이다.

여성들이 성매매에 '동의'한다는 것은 허구다. 16살에 부친의 폭력으로 집을 나온 G는 남자친구와 그의 친구들에게 집단 성폭행을 당했다. 그들은 G를 성매매 집결지에 소개비를 받고 넘겼다. G는 1년을 그곳에서 일하다 빠져나올 수 있었다. 집결지 생활은 그에게 지옥 같았지만 다시 돌아간 집도 지옥이었다. 폭력은 다시 이어졌고 그는 이번에는 자신의 발로 성매매 업소로 갔다. 어차피 집에서는 맞고 나가서는 성폭행당할 바에는 돈이라도 벌자는 마음이었다. 그렇게 십수 년을 살았다. 그는 묻는다. "나는 자발인 걸까요?"

H의 모부는 이혼했다. 그의 부친은 생활비를 보내주지 않았고 모친은 알코올중독이었다. 워낙 공부를 좋아했던 H는 지역의 대학에 장학생으로 입학할 수 있었다. 하지만 대학 생활은 단지 등록금만으로 해결되지 않는다. 아버지를 찾아가 도와달라고 했지만 거절당했다. 성인이 되었으니 알아서 살라고 했다. 생활비와 학비를 위해 보도방으로 갔다. 돈을 벌려고 시작한 일이었지만 보도방 사장은 일을 위한 옷값, 화장품값, 당장의 생활비를 사채로 쓰도록 했다. 금방 갚고 돈을 많이 벌게 될 거라고 했다. 하지만 그렇게 시작한 일은 H에게 고역이었다. 밤새 술을 마시고 접대를 하면 다음날 학교에 갈 수 없었다. 돈을 벌기 위해서 2차를 나가야 했고, 2차로 본격적 성매매를 하면서는 더욱 힘들었다. H는 우울증을 얻었고 이윽고 업소에도 학교에도 가지 못했다. 사채업자가 집으로 찾아왔다. 돈을 갚으

라고 협박하는 이들 앞에서 H는 손목을 그었다. 응급실에 실려 갔지만 사채업자의 협박은 잦아들지 않았고 학교 게시판에는 H가 술집에 나가고 빚도 갚지 않는 년이라는 글이 올라왔다. 다행히 H는 지원을 받아 업주들을 고소할 수 있었지만 알코올중독인 그의 어머니가 병원에 입원한 H에게 수시로 전화를 해 돌봄을 요구했다. H는 원해서 성매매를 하게 된 걸까?

질문할 것은 그들이 왜 성매매를 하는가가 아니다. 취약한 계층의 여성이 절박한 상황에서 성매매로 유입되고 이 시장은 너무나 손쉽게 그들의 취약함을 이용한다. 이때 그 '일'이 과연 상식의 영역인가가 문제다. 그 '일'은 그들에게 어떤 영향을 끼치고 그걸 '노동'이라 인정하는 일이 과연 그들의 권리를 지켜주는가를 질문해야 한다.

상품이 되어
무한 대기하라

여성들이 성매매 시장으로 유입되는 것은 '나는 성매매를 할 거야'와 같은 선택이 아니다. 돈이 필요한 여성들에게 친구나 아는 언니 같은 지인이, 미용실 사장이, 수많은 누군가가 기다렸다는 듯 그의 힘든 순간을 파고

든다. 업소의 구인 광고를 보고 문을 두드리거나, 사채업자의 볼모가 되어 돈을 갚기 위해 업소를 소개받거나, 구매자를 연결하는 채팅 어플을 통하거나 어쨌든 이 '일'은 사람과 장소 등 많은 것이 촘촘히 짜여 있는 시장 안에서 이루어진다. 그리고 업소든 길거리든 성 구매자들을 상대해야 하는 그곳에서 비로소 이 일은 시작된다.

성매매 시장에 들어서기 전까지 여성들은 '몇 달만 하면 어학연수 비용 벌고도 남아' '카드 빚 그거 금방 갚게 해주지' 같은 말을 듣는다. 선택권이 마치 여성에게 있고, 마음만 먹고 얼마간 버티면 큰돈이 모여 모든 곤란은 해결될 듯이 말이다. 하지만 여성 개인이 성매매를 결심하면 모든 게 저절로 이루어지는 것이 아니다. 이들은 우선 스스로 팔리기 위해 준비되어야 한다. 구매자들에게 간택당해야 하기 때문이다. 어리면 무조건 좋다던 구매자들도 일단 선택권이 자신에게 넘어온 순간 충실한 갑의 위치에 선다. 여성이 충분히 유혹적이지 않다고 생각하면 픽업하기로 한 장소에서라도 돌아선다. 두려움과 수치심 속에 기다리던 여성은 약속한 구매자가 나타나지 않는 이유를 수백 수천 가지 떠올리다가 자신이 거절당했음을 인정하게 된다. 이를 업소에서는 초이스*라 부른다.

유흥주점이든 성매매 집결지든 업소들은 여성들을 상품으로 홍보하며 성 구매자들을 유치하기 위해 경쟁한다. 일의 시작은 외모를 다듬기 위해 준비하는 시간부터다. 목욕탕에 가고 피부 마사지를 받고 미용실에 가서 머리를 하고 화장을 하고 옷을 골라 입기까지 많은 공을 들이는 일이다. 고정 고객을 위해 매일매일 다른 분위기를 연출하는 노력도 필요하다. 조금이라도 남루하거나 평범한 차림을 한 여성들은 대기실의 붙박이가 된다. 텐프로에 있던 한 여성은 초이스가 제일 힘들다고 말했다. 많은 돈을 낸 VIP 고객들은 훨씬 더 까다로울 수밖에 없다. 그들은 초이스를 즐기는 이들이다. 여성들은 촌스럽거나 천박하지 않게 시간을 들여 차려입고, 그렇게 차려진 여성의 복식을 손가락 까딱하는 것만으로 벗기는 것이 구매자들의 쾌락이다. 구매자들은 이들을 기본적으로 '년'이라 부른다. 이름이나 개별성이 사라진 그곳에는 '년'들만 있다. 이들이 가장 많이 듣는 호칭은 '년'으로 끝나는 다양한 욕설이다.

성매매를 전제하는 모든 업소에서 성 구매자들은 여성들을 고르면서 끊임없이 모욕적인 품평을 쏟아내고 어떤 서비스를 해줄 것인지 흥정한다. 원하는 상품을 고르는 그 과정이 성 구매자들에게는 이미 소비자의 권리다. 그렇게 선택된 뒤 몇 분 만에 방에서 쫓겨나오는 일도 흔하다. 이 경우 봉사료를 받기는커녕 함께 일하는 동료들과 관리자에게까지 심한 모욕을 듣게 된다. 안마 시술소 등의 업소는 어두운 조명 아래 마사지와 풀코스 서비스를 집중 상품으로 팔지만 이곳에서도 구매자가 도중에라도 여성 접객원을 거절하면 그들은 서비스 용품을 잔뜩 안고 들어갔다가 그대로 돌아 나와야 한다.

손님의 기분을 상하게 하거나 상품 가치가 떨어져 보이는 모습을 하면 동료들마저 무시당하게 된다는 압박이 존재한다. 이들의 꾸밈노동은 경쟁심보다는 생존의 문제다. 누구를 선택하든 안 하든 구매자들은 돈을 지불하기 전부터 소비자로서의 권력을 행사한다. 신체를 품평하는 정도에 그치지 않는 성적 대상화와 인격모독적 욕설, 다른 업소 여성들과 비교하며 더 많은 서비스를 요구하는 흥정이 일상이다. 이 시장에서 완벽한 상품은 없다. 성형과 다이어트 약, 우울증과 불면증은 그들이 하는 '일'의 본질을 보여준다.

타인의 욕망에 철저히 도구가 된다는 것

많은 이가 성매매 여성은 그냥 수동적으로 누워 다리만 벌리면 끝이라고 생각한다. 그러나 성 구매자는 단순히 사정만 하겠다고 성매매를 하지 않는다. 거래가 이루어지고 구매자와 방으로 이동하면 여성들은 정해진 서비스 타임에 들어가기 전 구매자가 눈치채지 않도록 그 손님이 안전한 사람일지를 빠르게 살핀다. 성병과 각종 전염병을 걱정해야 하고, 구매자의 취향이 가학적이지는 않을지, 혹 위험한 약물이나 도구를 사용하려 하지 않는지 한시도 마음을 놓을 수 없다. 여성들에게 이때부터의 임무는 구매자의 기분을 상하게 하지 않으면서 약정된 서비스를 빨리 끝낼 수 있도록 하는 것이다. 성매매 여성들에게 '일을 잘한다'는 건 무얼 뜻할까. 적은 힘을 들여 최대의 수익을 내는 것이 유능하다는 기준은 그들에게도 똑같이 적용된다. 시간을 끌수록 돈을 벌 기회를 잃고 몸이 망가지기 쉽다. 그래서 여성들은 구매자를 빨리 흥분시켜 사정에 이르게 하는 것을 목표로 한다. 반면 구매자들은 본전을 생각한다. 더 오래, 길게, 최대한 많은 걸 시도해보려 한다. 방 안에서 치러지는 것은 보이지 않는 전쟁이다. 물론 확실한 갑인 소비자 앞에서 을인 여성들은 이런 계산을 들켜선 안 되기에 기분을 맞추어주며 연기를 해내야 한다.

현장의 여성들은 말을 걸며 '인간적' 교류를 원하는 이들보다 정해진 삽입 성교와 사정을 빠르게 마치고 사라지는 구매자를 오히려 맘 편하게 여긴다. 대화를 시도하는 이들이 언제 태도를 바꾸어 불평을 하고 부당한 요구를 하게 될지 예상할 수 없기 때문이다. 업무에서 예정된 상황을 벗어날 때 받는 스트레스는 시간에 비례해 커진다. 여성들이 구매자와 하는 행위에서 가장 중요한 것은 시간이다. 그들에게 시간은 곧 돈을 의미한다. 단골로서 상대적으로 편해진 구매자인 경우 등 극히 일부의 예외가 아니라면 시간이 정해져 있지 않은 '긴밤'이나 '풀' 상품을 끊는 손님을 여성들이 반기지 않는 것도 같은 이유다. 구매자 1인에 대해 횟수가 정해져 있지 않은 성매매, 시간이 정해져 있지 않은 성매매는 구매자의 성향에 따라 한정 없이 힘들어지기도 한다.

여성들이 성매매라는 '일'을 수행하기 위해 필연적, 기본적으로 감내해야 하는 것들이 있다. 바로 구매자의 다양한 신체 특성과 체취 등이다. 성기에 털이 많아 삽입 시 많은 통증을 유발함에도 콘돔을 사용하지 않으려는 성 구매자가 있다. 또 정상위에서 여성의 허리나 갈비뼈를 누르거나 후배위에서 허리를 누르는 경우 심한 통증이 발생한다. 성관계 중 유발되는 물리적 어려움은 일반적인 섹스 행위에서도 일어날 수 있는 상황들이다. 하지만 다른 점은 이를 일로서 치르는 성매매 여성들에게 이는 모두 '일을 마치기' 위해 감당해야 하는 과정일 뿐이라는 것이다. 일을 마친다는 것은 구매자의 사정을 의미한다. 때문에 행위 중 고통스럽더라도 성매매 여성들은 구매자가 사정할 때까지 이를 일방적으로 견딜 수밖에 없다. 특히 쓸림과 마찰로 인한 질 내의 상처는 일상이다.

그들이 토로하는 또 다른 어려움은 구매자 특유의 냄새다. 이는 통증만큼이나 고역스럽다. 하다가 말면 돈을 받을 수 없으므로 이들은 구역질을 참고 일을 마친다. 매매가 아닌 성관계라면 개체 특성과 취향으로 여겨질 조건들이 성매매 현장에서는 고통스러운 일의 조건일 뿐이다. 체위는 남성의 빠른 사정에 유리하도록 선택한다. 행위 중 구매자에 의해 머리카락이 뜯기고 갈비뼈가 부러지더라도 인내한다. 중단하면 처음부터 다시 겪어야 하기 때문이다. 여성들은 오직 구매자의 사정을 '만들기' 위해 견디는 순간을 하루에도 몇 차례씩 반복한다. 한 번의 매매가 완료되면 그들은 매무새를 만진 뒤 다음을 준비한다. 정신과 몸을 다시 최초의 상태로 되돌리고 다음 구매자를 위해 대기한다.

성 구매자들의 요구는 욕망의 다양성만큼이나 헤아릴 수 없다. 그들은 포르노에서 학습한 것들을 성매매 안에서 실현하려 한다. '마누라랑 못 하는 걸 하려고 온 것'이라고 대놓고 말하기도 한다. 이런 요인이 더해지면 여성들이 들여야 할 협상과 수고는 커진다. 구매자를 만족시키지 못하면 들인 시간과 상관없이 환불을 요구하거나 만족할 때까지 시간 연장을 요구하는 구매자가 많다. 구매자를 전혀 가려 받을 수 없는 처지의 여성들의 경우 이러한 고충은 훨씬 심하다.

특이한 성향을 가진 성 구매자를 상대하며 여성들은 스스로도 정신적으로 이상해지는 것을 느낀다고 한다. 특이 취향 자체가 문제되기보다는 그에 일방적으로 맞추어주고 무엇이든 받아주어야 하는 자신의 처지에 대한 회의가 크다. 그럼에도 이 여성들은 일 자체의 수고로움과 늘 생기는 위험을 감수하는 것을 당연한 일상으로 받아들인 채 살아가게 된다. 인신공격성 비난과 가족들에 대한 험담 등 모욕과 감정적 학대에 대해서도 마찬가지다.

성매매 여성은 그저 누워 있고 구매자가 사정하면

끝이라는 생각에는 성매매의 실질적인 내용이 빠져 있다. 사정, 즉 구매자가 욕망의 절정으로 가기 위해 개인적 취향과 방법들을 동원하는 모든 과정이 실제 성매매를 구성한다. 이런 구매자의 취향은 때로는 마약, 때로는 언어적 유희나 폭력, 때로는 사도마조히즘적 요구 등 다양한 시도가 포함된다. 구매자의 숫자만큼 다양한 타인의 요구가 있다. 성매매 여성이 된다는 것, 성매매 여성으로 살아간다는 것은 이러한 타인의 성적 취향에 도구로 사용되기를 반복하는 일이다.

성폭력과 성매매의 경계

성매매 여성들에게 '성폭력'이란 무엇일까. 『성폭력방지법』이 제정되기 전인 1988년 대구의 한 다방에서 일하던 여성이 경찰 2명에게 성폭력을 당했다고 고소하는 사건이 발생했다. 당시 그는 파출소 내에서 두 명의 경찰에게 윤간당하고 성병까지 얻었으나 그 사실은 전혀 조사되거나 증거로 채택되지 않았다. 피해자를 꽃뱀이라 매도한 경찰의 주장대로 검찰은 기소조차 하지 않았고, 여성은 간통죄와 무고죄로 기소되었다. 억울함을 호소하기 위해 여성단체를 찾아왔던 그는 재판이 진행되는 동안 오히려 자신의 결백을 주장해야 하는 처지에 놓였다. 하지만 그는 자신에게 생긴 것과 같은 일이 다시 일어나서는 안 된다는 일념으로 힘든 시간들을 견뎠고 무고죄는 무죄 판결을 받았다. 경찰들은 그가 다방에서 일하고 성매매를 하는 여성이라며, 그들이 한 짓은 성폭력이 아니라고 주장했다. 당시는 성폭력 사건이 여전히 '보호할 가치가 있는 정조만을 보호한다'는 판례와 같이 인식되던 시대였다. 그렇다면 지금은 달라졌을까?

미투운동이 일어나고 이전보다 성폭력에 대한 사회의 이해는 높아졌지만 여전히 성매매 여성들은 박탈감과 소외감을 느낀다고 말한다. 일반적인 여성에게라면 모욕이라 여겨질 일이 자신들에게는 해도 되는 일, 늘 일어나는 일로 여겨지기 때문이다. 유흥주점 접객원으로 일하는 여성들에게 성추행은 그저 '일'의 일부다. 다방에서 배달 온 여성에게 혹은 노래방에 도우미로 부른 여성에게 성매매를 요구했다가 거절당하자 '분을 못 참아서' 폭력을 행사하고 살해하는 일이 벌어진다. 그들이 죽지 않고 살아서 가해자들을 신고했다면 과연 우리 사회는 이를 성폭력으로 인정했을까? 성구매를 남성의 당연한 권리로 인식하는 사회에서 성매매 여성에 대한 성폭력을 인정받는 것은 여전히 너무나 힘겨운 일이다. 성매매나 하는 여자가 미래가 창창한, 또는 한 가족을 책임지고 있는 가장의 앞길을 막고 인생을 망치려 한다고 온갖 욕설과 손가락질이 돌아오고 끝나는 경우가 허다하다.

한편 성매매를 '페이강간'이라고 정의하는 이들도 있다. 돈을 지불했다는 것 외에 성폭력과 무엇이 다른가를 지적하는 것이다. 근본적으로 강제된 성관계라는 점에서 성폭력과 성매매는 다르지 않다. 이 같은 관점에서 성매매는 그 자체로 돈을 빌미로 여성/약자를 성적 대상으로 수단화하는 범죄다.

I는 40대 후반으로 작은 체구에 기분 좋은 목소리를 가진 사람이었다. '전화바리'라 불리는 성매매를 하고 있던 그는 자신을 '프로'라고 칭했다. 전화바리란, 전화방에 연결된 라인을 가진 업주가 운영한다. I는 업주가 관리하는 사무실(주로 여관)에서 걸려오는 전화를 받고 성 매수자가 있는 곳으로 일종의 출장을 나간다. I는 자신이 먹고 살 수 있도록 해주는 손님들에게 감사하다고 했다. 몸이 약하고 아무 자원이 없는 자신에게 연로한 모부와 반려견을 보살필 수 있는 돈을 주기 때문이라고 했다. 그런 I가 상담을 요청했다. 경찰의 단속에 걸려서 조사를 받으러 가야 하는데 무섭다고 했다. I의 이야기에 따르면 경찰이 성 구매 남성을 검거했는데 그의 통화 목록에 I의 번호가 있었고, 경찰은 I와 성매매를 했다는 구매자의 진술에 따라 I더러 조사를 받으러 나오라고 했다. I는 복잡한 심경이 되었다. 검거당한 구매자는 I에게는 '절대 잊을 수 없는 바로 그놈'이었다. 이전 I는 전화를 받고 약속한 모텔로 찾아갔다. 그는 I가 방에 들어서자 바로 문을 잠그고 위협했다. 그

리고 한참 동안 I는 완력에 밀려 그가 원하는 모든 걸 들어주어야 했다. '이러다 죽을 수도 있겠다'는 공포를 느꼈다고 했다. I를 끈질기게 놓아주지 않던 그의 힘이 조금 느슨해진 틈에 I는 온 힘을 다해, 알몸으로 방을 뛰쳐나왔다. 그의 손아귀에서 벗어나고서야 수치심이 찾아왔다. 고소하고 싶다는 I를 업주는 '재수 없었다고 생각하라'며 말렸다. 우리를 찾아온 I는 그가 번 돈의 절반을 떼어가는 업주나 그를 찾아주는 다른 손님들에게 피해를 입히고 싶지 않았다고 했다. 억울함과 부당함을 느끼지만 먹고살기 위해서는 어쩔 수 없는 일들이라고도 말했다. 하지만 그 구매자는 꼭 처벌하고 싶다고 했다. 그리고 I가 겪은 일을 들은 경찰은 그것을 자기가 저지른 일처럼 부끄러워했다. 거기까지는 운이 좋았다. 그러나 끝내 법은 그가 겪은 것이 폭력이 아니라 성매매 거래였을 뿐이라 판단했다.

오래 기억에 남아 있는 J와는 그가 막 성인이 된 때에 만났다. J는 노래방 업주와 동네 주민들을 고소하고 싶다고 했다. J는 알코올중독으로 폭력을 휘두르는 부친을 피해 초등학교도 마치지 못하고 가출했었다. J는 집을 나온 뒤 거리를 떠돌았다. '고마운 오빠들'이 그를 재워주고 용돈을 주었다. 거리를 전전하던 J가 PC방에서, 게임 채팅창에서, 또는 길거리에서 알게 된 또래 친구들의 알선으로 만나게 된 '오빠들'이다. 휴대폰을 지닐 수 없었던 J가 머무는 모든 장소와 만나는 모든 사람이 알선의 고리가 되었다. 오빠들은 어느 때는 일회적으로, 어느 때는 자신의 집으로 데려가 며칠씩 재워주었다. 물론 용돈과 잘 곳을 제공하고 성관계를 요구했지만 J에게는 고마운 사람들이었다. 약속한 대가는 고사하고 폭행을 일삼는 이들이 많았기에 조금이라도 보상이 주어지는 섹스는 당연하게 여겼다. 그런 J가 절대 용납하지 못하여 성폭력이라 이름 붙인 행위가 있었다. 바로 돈을 주지 않거나 여러 명이 동시에 하는 경우였다.

노래방 업주는 손님들에게 받은 돈을 주겠다며 J를 잠시 기다리게 하고는 손님들이 돌아간 후 성폭행했다. 또 한동네에 살며 사업을 하는 중년 남성 3명은 티켓다방에서 시간을 끊은 뒤 함께 들어와 J를 돌아가며 성폭행했다. 그들에게는 성매매였지만 J에게는 명백한 성폭행이었다. 그는 거기에 동의한 적이 없었다.

쉼터에서 생활하며 그들을 고소한 뒤에도 J는 계속 '오빠들'을 만났다. '오빠들'에게 매번 속으면서도 J가 그들의 말을 믿고 싶어한다는 것을 알고 있었다. J는 외로워서 그렇다고 했다. 예쁘다고 해주면서 맛있는 걸 사주겠다는 그 말들을 J는 정말로 간절히 믿고 싶어했다.

J를 폭행한 이들은 자신들이 성폭력을 저질렀다고 생각하지 않았다. 성 구매자이기도 한 이들에게 성매매 여성인 J의 동의 여부는 전혀 문제시되지 않았을 것이다. 성매매는 그 존재만으로 성폭력의 경계 자체를 사라지게 한다. 어떤 이들은 더 힘껏 저항하고 끝내 거

부할 수도 있겠지만, 그 저항은 더 큰 위험을 감수해야 하는 일이다. 구매자가 그들의 거부를 권리로서 인정하지 않는 한 저항은 한없이 위험하고 힘겨울 수밖에 없다.

연구에 따르면 성매매 여성에 대한 성 구매자 남성의 공감 능력은 성을 구매하지 않는 남성보다 낮으며, 강간 및 기타 강제적 성행위를 시도한 비율이 성 구매 남성에게서 높게 나타난다. 인터뷰에 응했던 한 성 구매 남성은 자신이 성매매를 하는 순간 "여성은 사실 거기 없는 거나 같다"고 답했다. 성 구매자는 섹스할 권리를 샀다고 생각하고, 그 섹스 대상의 동의나 감정은 고려의 대상이 아니다.[1]

성매매 여성을 상담하고 지원한다는 것은 이러한 사례를 거듭거듭 마주하는 일이다. 성매매라는 꼬리표가 붙으면 성 구매자는 너무도 당당하게 '재수 없어서 걸렸다'는 표정을 짓는다. 남성의 성 구매 행위를 일상의 권리로 상정한 지금의 사회가 만든 모습이다. 여성의 신체 어딘가가 부러지기라도 하지 않은 이상 그들에게 있어 성 구매 행위에 폭력은 없는 것이다.

성매매를 노동으로 간주해야 한다고 주장하는 이들은 성매매를 합법적 계약으로 인정하고 제도로서 보장하면 오히려 폭력의 위험성을 낮출 수 있다고 한다. 계약 조건은 '콘돔을 낀다' '입에 사정하지 않는다' 등 여러 가지가 가능할 것이다. 그러나 시간을 지키고 정해진 체위만 할 것 등을 미리 약속한다 해서 성매매가 안전하고 할 만한 것, 폭력이 아닌 정당한 노동 행위가 될 수 있을까? 보아온 수많은 실제 사례가 그렇지 않음을 증명한다. 그리고 계약 조건은 누가 만드는가. 성매매 여성이 모든 상황을 통제하고 조정할 수 있다는 건 환상일 뿐이다. 많은 사람이 성매매 여성이라고 하면 강남의 텐프로 같은 업소에서 손님을 가려 받고 평소 사치를 하며 화려하게 지내는 모습을 떠올린다. 원하지 않는 행위는 까칠한 태도로 거절하며 모든 남성을 눈 아래 두는 어떤 여성을 상상한다. 하지만 실제 성매매는 시장에서 이루어지는 상거래 행위에 가깝다. 여성이 노동자가 아닌 상품으로 취급되고 일정 가치를 기대하는 구매자들이 존재하며 그 기대를 배반할 때 가차 없이 훼손당하고 버려지는 이 과정에서 여성은 인간으로서 존중되지 않는다.

이 여성들의 상품 가치를 매기는 조건을 사이즈*라고 부른다. 30대가 되면 끝물이고, 조금만 살이 쪄도, 말라도, 키가 작아도 커도, 가슴이 작아도 커도 그 모든 조건이 구매자에게 사이즈를 매기는 기준이 된다. 돈에 따라 서비스의 내용이 달라지며 잘 팔리지 않게 된 상품은 한없이 할인되고 요구되는 서비스의 강도는 높아진다. 한 여성은 구매자에 의해 얼굴을 베개 아래 눌린 채 '너 같은 거랑 섹스를 하다니'라는 말을 들으며 관계를 했다. 치욕은 고통보다 질겨서 그는 아직도 구매자의 이름과 얼굴을 기억하고 있다고 했다. 그들이 상품이 되는 이 시장에 인권은 더 이상 없다. 구매자의 인격도 성매매 여성의 인격도 이곳에서는 돈이 지불되는 순간 사라진다.

성매매와 성폭력은 동일한 어법을 가지고 있다. '힘에 의한 성적 지배'가 그것이다. 그 힘이 때로는 돈이기도 때로는 완력이기도 하지만 결과적인 현상은 돈으로, 완력으로 대상을 굴복시키고 지배하는 것이다. 이 시장에서 남성이 구매하는 것은 '성욕 배출'의 기회가 아니라 내 성욕을 위해 대상을 지배하는 욕망의 실현이다. 성매매의 순간 "여성은 거기에 없는 것과 같다"는 구매자의 말대로, 성매매 현장에 '여성'은 없다. 상품만이 존재하며, 그리하여 상품이 된 인간이 겪는 모든 폭력은 성폭력이 아닌 그 무엇이 된다.

성매매 여성들이 '쉽게 버는 돈'

수년 전 한 여성이 오피스텔 성매매를 해서 1억 잔고를 모았다는 인증을 올려 화제가 되었다. 잔고가 적힌 사진과 함께 "드디어 200만 더 모으면 1억 되네요"라고 쓴 그의 게시물에 많은 사람이 분노했고 탈세 의혹과 수사 요구가 이어졌다. 결국 이 여성을 고용해 막대한 이익금을 챙기던 20대 성매매 업주가 구속되었는데,

이 사건 배경에는 '오피 협회'를 만든 성매매 알선업자와 그가 앞세운 바지사장들이 있었다. 협회에 소속되지 않은 채 영업하는 업소는 신고하고 그 자신은 단속에 걸려도 바지사장을 내세워가며 영업을 지속해왔던 오피스텔 성매매 알선 조직이었다.

'묻지도 따지지도 않고 여성이라면 쉽게 돈을 벌 수 있다'는 수많은 구인 광고가 넘쳐난다. 누군가는 거기에 흔들리고, 누군가는 이미 그 안으로 걸어 들어갔을 것이다. 성매매 유입의 계기는 개인의 수만큼 존재한다. 그런데 여기서 '쉽게 돈을 벌 수 있다'는 말이 뜻하는 것은 무얼까. 이 광고 문안에는 여성이 여성이라는 이유만으로 쉽게 돈을 번다는 못마땅함이 도사려 있다. 성 구매자들은 즐기기 위해 돈까지 지불하는 그 '일'을 여성들은 돈을 벌어가면서 한다는 것이다. 그 말처럼 정말 여성이라는 이유로 즐기면서 쉽게 돈까지 많이 벌 수 있는 것이라면 그 '일'을 선택하지 않을 이유가 없다. 그러나 현실은 어떠한가. 수많은 성매매 경험 여성들은 절대 그곳으로 돌아가고 싶지 않다고 말한다. 성매매를 하는 대다수의 여성이 할 수만 있다면 이 '일'에서 벗어나고 싶다고 말한다. 그리고 아주 평범한 삶을 살고 싶다고 한다. 그리고 그 이유를 우리는 이미 알고 있다. 단지 이 사회가, 구조가 이를 외면하거나 보지 않는 것이다.

대부분의 여성이 돈이 필요해 성매매를 시작하지만 실제로 이 '일'은 많은 비용을 발생시킨다. 급박한 상황에서 성매매로 유입되는 이들에게 돈을 먼저 주겠다는 알선업자들의 유혹은 강력하지만, 이들은 시장에서 선택받기 위해 즉시 꾸밈 비용을 들여야 하고 결과적으로 현실에서 여성들은 빚을 안은 채 이 '일'을 시작한다. 이 필요 비용은 상상 이상이며, 보다 많은 돈을 준다는 고급 유흥주점일수록 비용은 커진다. 매일 바꿔 입어야 하는 값비싼 홀복과 완벽하게 손질된 외양을 위한 꾸밈 비용은 물론이고 각종 업소에서 성매매 세팅을 위해 부담하는 방값부터 각종 재료비, 심지어 콘돔 구매비까지 모든 것이 여성의 부담이다. 빈손으로 성매매에 유입된 여성이 이것을 모두 빚으로 떠안고 '일'을 시작한다. 필요한 생활비를 주마다 가불을 받는데 이 '선지급'을 받을 경우 그 생활비가 단돈 몇 만 원이라 해도 업주에게 늘 비굴해질 수밖에 없다. 그것이 일상이 되면 업주와의 상하 관계는 점점 견고해지고 이런 상황을 만든 업주들은 이들을 도덕적으로 헐뜯는다. 부당한 비용 전가나 잘못된 영업 방식은 협상 거리조차 되지 못한다.

이들은 일상적으로 꾸밈 비용을 들여 구매자들의 눈에 늘 최상의 상품으로 보일 수 있도록 하기에, 사람들은 그 겉모습만 보고 쉽게 판단한다. 그러나 실제로 이들은 선불금 이자 등에 치이면서도 계속 비용을 써야 하기 때문에 2차를 해야만 하는 상황으로 내몰린다. 테이블 서비스 요금만으로는 유흥주점에서 드는 이 비용을 감당할 수 없는 것이다. 업주에게 선불금을 받고 있으니 낮이든 새벽이든 업주가 2차를 나가라고 부르면 거부하기 어렵다. 그렇게 2차를 나가도 결국 여성 본인에게 돌아오는 돈이 얼마 되지 않는 때가 많은데, 이때도 문제 제기나 개선이 불가능한 구조이기에 차라리 빨리 돈을 갚고 나가겠다며 2차를 더 열심히 나가게 되는 악순환이다.

이런 상황에서 이들이 매일 상대해야 하는 것은 접대를 받기 위해 방문한 성 구매자들이다. 노골적으로 오늘에야말로 '본전'을 뽑겠다고 나서는 구매자들을 싫은 내색 없이 모셔야 하는 여성들이 할 수 있는 일은 진상 구매자가 트집을 잡지 않고 빨리 끝내주기를 바라는 것뿐이다. 열심히 벌어서 나가겠다고 발을 들인 이 시장에서 그들은 여러 부조리에 치이며 지출과 선불금의 악순환 가운데 점차 수렁으로 빠져든다.

통제의 구조
—선불금

선불금에 대해 조금 더 알아보자. 흔히 성매매 여성들의 상태를 '채무 노예'와 같다고 한다. 성매매 업소에서 일하는 것을 조건으로, 일하기 위해 드는 비용을 포함해 당장의 급한 사정으로 돈이 필요한 여성들에게 미리

지급해주는 돈을 통칭해 선불금이라고 한다. 시간이 갈수록 벌금과 이자 등으로 늘어난 선불금은 업소를 옮길 때마다 여성들의 '몸값'이 된다. 그리고 여성들이 업소를 벗어났을 때 업주가 여성들을 사기죄로 고소할 수 있는 빌미이기도 하다. 2000년대 초반까지 접수된 사기 고소 사건의 70퍼센트 이상이 선불금 사기 건이었을 만큼 이는 커다란 문제였다. 유흥주점, 다방, 소개업자, 사채업자, 전주 등 선불금을 제공하는 이들은 다양하다. 즉 선불금은 업주가 성매매 여성을 통제하는 주요 수단이다. 이 선불금을 이용한 통제는 성매매 알선 구조의 핵심으로 그 역사가 길다.

> 그때에도 유곽에서의 생활을 견디다 못해 도주하는 창녀들이 있었다. 이렇게 도주해버리면 그것은 경찰망을 통하여 전국에 수배되어 결국은 잡히게 되어 있었으며 일단 잡히게 되면 사기죄로 징역을 살아야 했다. 즉, 일단 돈을 받고 몸을 팔았으면 그 빌린 돈을 모두 갚을 때까지 유곽 주인이 시키는 대로 따라야 하며 그것을 견디지 못하고 도망가는 행위는 사기죄가 된다는 것이었으니 지금의 상식으로는 도저히 납득할 수 없는 그런 제도가 공창제도였던 것이다.[2]

상식으로 도저히 납득할 수 없는 그런 문제가 관행이

되었다. 2000년대 초반까지 그냥 업주가 말하는 대로 선불금이 매겨졌다. 여성들은 보지도 못한 돈이 그들의 차용증에 쓰였다. 일을 시작할 때 배정받는 숙소와 숙소를 채우는 가구와 생활용품 등 모든 것을 업주가 알아서 채워놓았고 선불금으로 계산했다며 빚을 지웠다. 여성은 죽고 없는데 이렇게 쓰인 차용증과 공증증서를 근거로 유족 앞으로 돈을 갚으라는 소장이 날아온 일도 있었다.

이런 선불금은 종류도 다양하고 예측하지 못한 순간에 쌓여버리기 때문에, 여성 개인이 이런 구조를 어느 정도 인지하고 성매매를 시작했거나 금세 현실을 파악했다 해도 쉽게 벗어날 수 없다. 누군가는 자신만 잘하면 혹은 조금만 견디면 스스로 문제를 해결하고 성매매를 그만둘 수 있을 것이라 믿고 이 '일'을 시작한다. 하지만 현장의 증언들에 따르면 그것은 가능하지 않다. 예를 들어 한 여성이 자신의 선불금을 충분히 갚고 나올 수 있겠다는 계산으로 일을 시작한다. 하지만 그는 어느 순간 동료의 선불금에 연대보증을 서게 되고, 며칠 동안 앓아눕는 바람에 결근비가 쌓이며, 구매자의 비위를 건드렸다는 이유로 테이블비를 덤터기 쓰거나 이런 지출로 인해 월세 낼 돈이 부족해 일수를 찍게 된다. 도처에 함정이 도사린 이 시장에서 빚은 빠르게 불어나며 나중에는 그 금액조차 불투명해진다. 본인이 직접 채무자인 경우에는 갚은 금액이라도 알 수 있고, 불법원인급여에 의한 무효로 주장하기도 용이

하지만 함께 일하는 여성들 간에나 가족이나 친구들을 연대보증한 경우에는 그마저도 쉽지 않다. 그런 식으로 생존하는 동안 그만두리라는 결심은 자꾸 지연되고 대다수가 곧 그 미래는 오지 않으리라는 걸 깨닫게 된다. 성매매로 유입될 수밖에 없었던 삶의 조건들에 더해 이 '일'로 얻은 피해가 더해져 시간이 가면 갈수록 이들을 둘러싼 굴레는 점점 더 촘촘해지는 것이다.

선불금은 일을 하기로 약속하고 지급된 돈이기 때문에 여성이 정해진 장소에서 일을 하지 않고 벗어나려 할 경우 업주는 채권자로서 어디든 쫓아가고, 누구든 협박한다. 특히 선불금 연대보증을 선 주변인들이 주요 관리 대상이 된다. 법에 따르면 성매매 업소에서 일을 하기로 한 조건 자체가 불법이기 때문에 이를 빌미로 주었던 선불금은 원인무효 채권이다. 하지만 현실에서 여성들이 이를 주장하기란 쉽지 않다. 그리고 실제로 많은 이가 업주 입장에서 이야기한다. '빚은 갚아야지' '업주들도 당연히 받을 돈이 있으니 그럴 수밖에 없지 않나?' 바로 이것이 선불금과 연대보증, 성매매 시장이 구조적으로 여성에게 빚을 지우는 목적이다. 이것을 빌미로 업주는 여성에게 성매매를 강요할 권리를 갖는다.

성매매 알선업자들은 여성에 대한 통제를 용이하게 하고 이들이 쉽사리 빠져나가지 못하도록 이중 삼중의 관리 체계를 갖추어놓는다. 그중 가장 대표적인 관계가 소개업자와 성매매 업소 업주다. 보통 역 주변에 형성되어 있던 전통적인 소개소부터 최근의 보도방, 사채업자, '매니저' 등 다양한 업자가 여성들을 알선한다. 이렇게 여성들의 취약한 상황을 빌미로 하여 성매매를 알선하고 빚을 만들어 지우며 관리하에 두는 행위는 인신 구속에 해당하는 인신매매의 한 형태다. 소개업자는 한 여성을 매우 빈번하게 여러 업소로 이동 소개하면서 매번 수수료를 계산하여 이를 모두 여성의 빚으로 만든다. 이런 관리 체계의 다단계 구조가 빚을 더 늘리고, 이 금액이 합산된 선불금 액수가 아주 커지면 '더 이상 받아줄 곳이 없다'는 이유로 성매매 집결지 등 더 취약한 조건의 업소나 해외로 갈 것을 종용한다. 이제는 아주 오래전 이야기 같지만 '섬에 팔아넘긴다'는 실제로 가장 무시무시한 위협이었다.

갈 곳이 없어 성매매 시장에 유입된 청소년들은 어떨까. 이들은 아직 자신이 '성매매를 한다'고 생각하지 않는다. 당장 살기 위해, 용돈을 벌기 위해 '몇 번' 했지만 스스로를 '성매매로 먹고 사는 성인 여성'과 다르다고 생각한다. 그러나 이들에게도 빚의 악순환은 그대로 덮쳐 내린다. 그저 잠시일 뿐이라고 생각했던 잠시는 이미 지나 성인이 되고 그 후로도 오랫동안 그곳에 남은 50대, 60대 여성들은 '그저 산다'. 당장의 끼니를 걱정하며 멀리를 볼 수 없게 된 채로 그렇게 살아간다. 애초에 시작해서는 안 됐다고, 처음부터 선불금을 받지 말았어야 했다고 말하지만, 애초에 성매매에 유입되지 않을 수 있는 환경을 만드는 것은 개인이 할 수 있는 일이 아니다. 탈성매매 또한 그렇다. '그렇게 힘들면 왜 그만두지 않느냐?'는 질문은 이런 구조를 개인의 책임으로 환원하고 또다시 성매매 여성들을 낙인찍는다. 여기서 던져야 할 질문은 이것이다. 그토록 많은 사회적 비리를 낳고 여성 개개인에게도 막대한 피해를 입히는 성매매 수요를 어떻게 차단할 것인가?

채무, 노예화, 폭행

채무 노예 상태가 된 여성들을 죄인 다루듯 통제하는 알선업자들은 물리적 폭행도 서슴지 않았다. 2004년 『성매매방지법』 시행 이후 이런 폭력은 덜해졌다는 말을 듣는다. 현장의 여성들이 체감하는 변화는, 2004년 즈음까지는 폭력이 한층 조직화되어 있었다는 것이다. 사회가 조장하고 방치한 성매매 시장에서는 마치 폭력까지도 용인되어 있는 듯했다. 소개업자들은 물을 담아 얼린 플라스틱 병으로 10대 여성들을 구타했다. 멍이 안 들게 하기 위해서였다. 상처가 눈에 보이지 않는 머리를 주로 폭행했고, 도망간 여성을 잡아 머리채를 휘어잡고 도로에서 질질 끌고 다녔다. 파출소(지구대) 바로 건너편 업소에서 일하던 여성들 여러 명이 업주의 폭력과 폭언에 도망을 나와 도움을 요청하기도 했다. 그 업주는 일이 끝났을 때나 쉬는 날에 이들에게 자기 집 안의 허드렛일을 시키고 팔다리를 주무르게 하는 등 노예처럼 여성들을 부렸다. 여성들은 명백히 폭력으로 통제되었고 이는 공동체 사회의 묵인으로 가능했다.

『성매매방지법』 이후 조금 덜해졌다 해도, 알선업자나 구매자들의 폭력과 협박은 현재 진행형이다. 업주나 소개업자가 조폭이거나 조폭과 연계되어 있고 지역 유지 및 권력층과 친밀하다는 사실도 여성들을 옥죈다. 업주들이 가진 모든 유·무형의 힘 앞에 여성들은 두려움과 무력감을 느끼지 않을 수 없다. 업주들이 이런 두려움을 적극 이용하는 것은 물론이다. 그들은 상시적으로 자신의 힘을 주지시킨다. 수틀리면 가만두지 않겠다는 암시를 날리며 여성들을 지속적 통제하에 둔다. 그 위력 속에서 생존해온 여성들은 업소를 떠난 후에도 계속 악몽에 시달린다. '어디 있는지 다 알고 있으니까 빨리 돌아와라' '안 오면 부모에게 알리겠다' '학교에 알리겠다' '연락 없으면 잡으러 간다'는 메시지로 위협하기는 매우 점잖은 편에 속한다. '가족들을 가만두지 않겠다'는 것은 그중에서도 큰 공포다. 업주에게서 벗어난 여성들은 그들이 가족을 찾아가 보복할 것을 몹시 두려워한다. 실제로 업주가 직접 여성의 가족들을 찾아가고 협박하는 일은 비일비재하다. 그리고 이러한 일들은 성매매 업소들 주변을 맴도는 소문으로 쌓여, 남아 있는 여성들에게 심리적 감옥으로 작용한다.

폭력과 살해에 무방비한 '시장'

성매매 여성들은 몸으로 평가받는다. 이들은 '당연히' 마르고 섹시해야 한다. 그들의 몸은 그들이 '일'을 통해 얻을 수 있는 수익과 대우에 있어 결정적이며 사실상 유일한 요인이다. 때문에 약물이나 수술을 동원해 '적절한 몸'을 가지려는 노력 역시 너무나 당연하게 여겨진다. 이들은 중독성이 강하고 부작용이 많은 다이어트 약을 먹고 성형수술을 반복적으로 하기도 한다. 몸이 드러내는 기호가 신분이 되는 사회에서 더구나 이것이 유일한 자본이자 인정 수단인 성매매 여성들에게는 생존의 문제다.

현장에서 만나는 성매매 여성들은 성매매를 강간이라 단언한다. 그리고 성 구매자는 평소 그가 어떤 사람이든 그 순간은 그저 짐승이 된다고 표현한다. 성 구매자를 상대하기란 매번 온몸의 긴장을 요하는 일이고 그렇기에 늘 온몸이 아프다. 내가 만난 자갈마당의 성매매 여성들은 상품으로서 몸을 준비하느라 아팠고, 그 몸을 상품으로 사용하면서 또 아팠다. 피임약을 상시 복용했기에 생리를 하지 않았고 낮밤의 경계가 없는 생활로 인해 이른 폐경과 불면증을 얻었다. 그들은 엉망이 된 생체리듬 때문에 수면제 없이는 잠들지 못했다. 불면증에 이어 우울증은 성매매 여성 대부분이 가지고 있는 증상이었다. 이들은 자해나 자살 시도를 했고 실제로 자살에 이른 사례도 많다.

손등부터 어깨까지 칼로 그은 자해 상처가 양팔에 가득한 10대 소녀와 손목에 그은 상처를 가진 많은 여성들을 만났다. 이들은 자살하거나 살해당한, 또는 사라져버린 동료들의 이야기를 했다. 정신 장애와 우울증이 심각한 지경까지 간 사람들과 목을 매거나 약물 자살을 시도한 이들이 많았다. 그러한 이야기가 끝나지 않았다.

성매매 여성들은 성매매라는 '일'이 갖는 폭력적 특성 때문에 심리적 외상을 경험하고 외상 후 스트레스 장애를 겪는다. 생명의 위협을 느끼거나 타인의 그러한 위기 상황을 목격하는 경험을 외상적 사건이라고 하는데, 강압적·폭력적 상황에서 외상적 사건이 장기간 반복되는 경우를 복합 외상이라 한다. 사람은 만성적인 외상에 노출되면 정서나 충동을 조절하기 어려워지며 그 결과 약물 의존을 겪기도 한다. 학습된 무력감은 만성화된 외상으로 인한 대표적인 증상이다. 이 증상을 보이는 이들은 지속적 외상 경험에 마치 적응된 듯 보이며 안전한 환경으로 피할 수 있는 순간에도 건강하지 못한 인간관계나 환경에 남기도 한다. 성매매 집결지 여성들을 대상으로 한 연구에서 성매매 여성의 60.7퍼센트가 외상 후 스트레스 장애(PTSD)로, 42.9퍼센트가 복합 외상 후 스트레스 장애(Complex PTSD)로 진단되었다. 성매매로 유입된 연령이 낮고 성

매매 기간이 길수록 심각성은 더욱 커진다.[3]

성매매는 그 '일'을 하는 여성을 정신적·신체적으로 침해한다. 그리고 이로써 얻게 되는 증상들이 역으로 이들을 성매매에 옭아맨다. 또한 성매매를 시작한 이들이 겪게 되는 것은 사회적 경력 및 인적 네트워크로부터의 단절이다. 성매매 관련 업자들에 둘러싸인 관계 속에 고립되는 이들의 사회적 자원은 극히 빈곤해진다. 이런 경력 공백과 사회적 고립 속에서 두려움은 점점 커져, 시간이 지나고 탈성매매를 간절히 원하게 될수록 발을 빼기 어려워지는 것이다. 많은 성매매 여성이 '남들처럼 평범하게 살고 싶다'고 말한다. '평범'이라는 실체 없는 이상을 통해 그들이 말하고자 하는 것은, 성매매를 하지 않아도 되는 삶일 것이다.

성형수술을 하고 명품 백을 산다며 성매매 여성들을 손가락질하는 이들은 그 여성들을 '갑'이라 칭한다. 그 혐오와 비난이 겨냥하는 이미지는 실상과 너무도 다르다. 성매매 시장에서 실제 돈을 긁어모으는 업자들, 신선한 서비스와 자극적인 성 유희를 끊임없이 찾아다니며 돈을 뿌리는 성 구매자들. 성매매를 구성하는 것은 이들이다. 이들의 수요가 성매매 시장을 탐욕스럽게 굴린다. 여성들을 끌어모으고 사고팔고 무릎 꿇리고 폭행하는 이들, 폭력과 살해에 무방비인 시장을 만들어놓고 '몸뚱이로 돈을 쉽게 번다'며 손가락질하는, 이들은 누구인가.

2017년, '에이즈 성매매녀' 그 이면

2017년 10월 19일 '에이즈 성매매 여성'이라는 키워드를 단 기사들이 무수히 올라왔다. 26세 여성이 자신이 에이즈에 걸린 사실을 알고도 성매매를 했으며 피임 기구도 사용하지 않았다는 내용이었다. 더구나 그는 2010년에 성매매로 검거된 전력이 있었으며 그 당시 이미 에이즈에 감염된 상태였다.

사실 이 기사는 여러 면에서 문제적이었다. 이 여성은 HIV바이러스에 감염된 상태지만 지속적으로 보건소의 관리하에 약을 투약해왔기 때문에 '에이즈에 걸렸다'는 표현은 적절치 않고, '에이즈 여성'이라는 표현은 HIV바이러스 감염인에 대한 혐오와 낙인을 강화할 수 있다. HIV바이러스에 감염되었더라도 항바이러스제를 꾸준히 복용한 감염자는 바이러스를 다른 사람에게 전파할 확률이 급감한다. 관련 단체에 따르면 '약을 먹는 환자의 감염력은 통계적으로 거의 없는 수준'이다. 때문에 약을 꾸준히 먹고 치료가 잘되는 HIV바이러스 감염인은 기대 수명이 일반인과 거의 동일하다. 그럼에도 기사들은 '에이즈성매매女' '7년 전에도 감염 숨기고 성매매'라는 제목을 달아 해당 여성에게 일방적 혐오와 비난이 쏟아지도록 했다.

무엇보다 이 기사의 이면에는 더 큰 진실이 있었다. 2017년 당시 26세였던 그는 7년 전, 즉 19세에 HIV바이러스에 감염된 상태에서 성매매를 하다 검거됐다. 청소년기에 이미 성매매에 유입되었고 이로 인해 감염된 것이다. 그는 지적장애 3급으로 지적 능력과 사회적 적응력이 초등학교 1학년 수준인 것으로 판별되었다. 그의 남자친구가 채팅을 통해 성 구매자를 구하고 성매매를 하도록 알선하며 생활비를 벌어오게 했던 것이다. 이 사건이 최초 기사화되었을 때 부산 지역의 단체가 긴급히 개입하여 피해 여성을 지원하면서 이 정황이 드러났다. 이후 이 사건은 2018년 1월 SBS 「궁금한 이야기 Y」를 통해서도 방송되었다.

7년 전 그가 19세일 때 그리고 26세가 되었을 때에 그를 '구매'한 건 어떤 이들이었을까. 지적장애가 있거나 청소년인 여성들에게 '얘도 동의했다'며 '노 콘돔'을 외치고 성 구매하는 이들에게, 그 여성을 구매자인 자신 앞에 데려다 놓은 알선자의 존재는 알 필요도 없는 것이었을 테다.

"개쓰레기야. 인간의 가치가 없지. 그런 쓰레기가 어디 있어. 나도 개쓰레기라고 생각해. 그런 집에서 자란 나도 개쓰레기지." 자신이 자란 환경을 이렇게 표현한 L은 근친성폭력 피해자였다. 도심 외곽 지역에서 가난한 유년기를 보냈지만 가난보다 더욱 혹독한 것은 모친의 부재 가운데 이어진 친족의 성폭력이었다. 그 집에서 벗어나기 위해 기숙사가 제공되는 산업고등학교를 갔다. 졸업하고 숙소를 제공하는 일자리를 찾았지만 남자친구가 L을 다방에 소개하고 선불금을 받아서 사라져버렸다. 그리고 2018년까지 거의 10년을 성매매 업소에 있었다.

『봉순이 언니』 속 주인공이 자신과 같았다고 말하는 M은 10살 무렵 양친을 여의고 친척 집에서 살게 되었다. 학교도 보내주지 않고 온갖 집안일을 시키며 툭하면 때리는 친척들에게서 벗어나 그는 보육원으로 갔다. 고등학교도

졸업하고 취업도 했다. 하지만 공장이 문을 닫고 아르바이트로 생활하며 생활비를 감당하기 힘들어졌고, 어디에도 도움을 요청할 수 없는 상황에서 숙소를 제공해준다는 성매매 업소로 가게 되었다.

빈곤하고 자원이 없는 채 아동-청소년기를 보낸 여성들에게 사회는 안전망을 제공하는 대신 정글에 버려진 먹잇감으로서 그들을 맞는다. 취약 계층 여성 청소년은 젠더 폭력에 의해 고립된 채 안전망이 전무한 생활을 전전하다가 거리에서 다시 성폭력에 노출되고 마침내 성매매 업소를 그나마 동료가 있는 안전한 곳, 폭력은 동일하지만 그래도 돈을 벌 수 있는 곳으로 인식하기도 한다. 절망적 상황에 놓인 이들에게 성매매가 유일한 선택지가 되지 않는 사회구조를 만들어야 한다. 하지만 이는 단순히 한 나라의 국경 안에서 해결되지 않는다. 성매매 시장은 상대적으로 더 빈곤하고 더 취약한 여성들로 채워진다. 독일과 네덜란드의 합법화된 성매매 시장이 자국에서 공급되지 않는 여성들을 이주여성으로 채우는 것처럼 한국도 이미 그렇다. 성매매 여성 개인을 악마화하고 지탄하며 왜 성매매를 하느냐 여성에게 묻는 것은 더 이상 의미 없는 일이다. 거대한 성매매 시장을 어떻게 줄여나가고 이 구조 자체를 바꿔나갈지를 물어야 한다. 아니 답해야 한다.

5장

세계의 성매매

어느 나라를 사례화할 것인가?

성매매 합법화를 주장하는 이들이 줄기차게 하는 말이 있다. '성매매를 제발 그냥 내버려둬라. 그럼 오히려 성범죄도 줄고, 관리도 제대로 할 수 있고, 여성들은 권리를 보장받을 수 있다.' 그리고 그 사례로서 자주 등장하는 나라들이 있다. 한동안은 독일과 네덜란드였고 그 다음으로는 뉴질랜드가 추종할 사례로 떠올랐다. 성매매 관련 제도는 국가마다 매우 상이하고, 실태 또한 사회적 맥락에 따라 차이가 있다. 똑같이 성매매를 금지하는 제도가 있다 하더라도 그 제도를 성립시킨 가치와 입장은 현저히 다르기도 하다. 예컨대 한국과 일본은 둘 다 성매매를 금지하는 국가로 분류되며 동시에 성산업 시장의 규모가 거대하다. 하지만 실제 처벌 범위와 방식에는 현격한 차이가 있다.

브라질, 멕시코, 아르헨티나 등 중남미 국가들은 대부분 개인 간의 성매매는 처벌하지 않으며 그 시장 또한 거대하다. 그리고 대부분의 중남미 국가에서 빈곤, 마약 같은 사회적 문제에 더해 페미사이드와 인신매매가 심각한 상황이다. 이런 곳에서 여성 인권이나 성매매는 제대로 된 고려 대상조차 아니다. 동남아시아는 대부분의 나라에서 성매매를 금지한다. 그러나 빈곤 계층의 성 착취와 아동 인신매매 문제가 심각하다. 법적 처벌을 강화하고 있지만 부패가 만연한 공무원, 경찰과 업주들 간의 유착 비리 등이 심하고 낙후된 경제 등으로 인해 성매매는 줄지 않고 있다. 경제 성장을 추구하며 돈이 모든 것을 좌우하는 이들 사회에서는 신자유주의적 시장과 빈곤, 성차별적 문화가 결합하여 성매매 시장을 키운다. 이는 시장의 자유를 추구하는 중국 본토와 홍콩 등지에서도 동일하게 일어나는 현상이다.

법과 제도가 그 사회의 가치와 지향을 보여준다고 하지만, 사실 이는 해당 사회의 실제 상황과 함께 비교할 때라야만 의미가 있다. 세계의 많은 나라가 인권과 평등의 가치를 추구하고 민주국가라 천명하지만 국가별 상황은 너무나 다르다. 법이 노예제와 인신매매를 허용하기 때문에 그것들이 근절되지 않는 것이 아니다. 공동체가 실제로 무엇을 실행하고 노력하는지가 더 중요하다. 한국의 낙태죄는 오랫동안 불법이었으나 우리 사회는 실질적으로 그런 법의 존재를 의식조차 하지 못했다. 여남 성비 불균형이 문제시되던 시기, 여아 낙태는 국가적 현상이었다. 임신 8개월에도 여아임을 확인하고 낙태를 하던 시절이 있었다. 낙태죄는 존재하지만 원치 않는 임신의 책임은 전적으로 여성들의 몫이었고 아들을 낳아야 한다는 차별적 인식이 여아 낙태만을 선별적으로 부추겨왔다. 그러다 2005년, 여성계의 오랜 싸움 끝에 가부장을 중심으로 한 신분 등록 제도인 호주제가 폐지되었고 이어 출생률이 급격히 떨어지자 낙태죄를 묻는 목소리가 커졌다. 마치 여성들의 부도덕과 생명 경시 때문에 낙태가 비일비재했다는 듯 근엄한 목소리들이 들끓었다. 2019년 낙태죄 위헌 결정이 났지만 싸움은 끝나지 않는다. 악법은 언제든 부활할 수 있다. 하지만 마땅히 지향해야 할 가치를 담고 있는 법이라면 변화의 토대가 되어줄 것이다.

합법 vs. 불법 논쟁

성매매 관련 법과 제도를 얘기할 때 거론되는 나라들은 주로 서유럽 등지다. 즉 법과 제도가 제대로 기능을 하고, 최소한의 인간다움을 위한 복지 체계가 갖추어진 나라들이다. 이런 기본적 사회 체계의 뒷받침 위에서 여성 인권을 화두로 성매매에 관한 사회적 대화가 가능했고 이런 과정을 통해 법과 제도를 마련했기에 이들 나라의 현주소는 참조점이 된다. 특히 독일과 스웨덴은 성매매 관련 제도에서 같은 목적을 위해 완전히 상반된 제도를 시행했기에 그 결과에 지대한 관심이 몰렸다. 2002년, 사회당이 집권했던 독일은 성매매를 전면 합법화했다. 이보다 앞선 1999년 스웨덴은 성 구매자 처벌법으로 '노르딕 모델'을 시행했다. 이는 '신금지주의'라고도 불린다.

서유럽은 자유 시장 질서와 민주주의가 제도적으

로 정착된 20세기 중반부터 성도덕적 규제로서 성매매 여성을 처벌하던 성차별적 가부장제에서 벗어나기 시작했다. 성에 관한 금기를 버리고 개인의 자유로운 결정을 존중하는 방향으로 변화한 것이다. 성매매를 긍정하지는 않되 국가가 개인에게 과도하게 개입하지 않는다는 것이 기본 전제였다. 하지만 성매매 알선, 즉 성매매를 권유하는 행위와 포주들은 여전히 처벌 대상이었다. 1990년대 초까지 성평등, 인권, 복지를 어느 정도 제도적으로 안착시킨 국가들에서는 성매매를 큰 사회적 문제로 다루지 않았다.

1990년대 초반 구소련의 붕괴로 동유럽 국가들이 사회주의에서 이탈하면서 유럽의 판도는 변화했다. 많은 경제 난민이 서유럽으로 향했고 빈곤한 이주 여성들의 성매매 또한 늘어났다. 경제공동체를 표방한 유럽연합(EU)에 가입한 동유럽권 국가들과의 경계가 허물어지면서 이러한 경향은 가속화되었다. 2010년 영국 BBC는 EU국가 내 이주 성매매 여성의 70퍼센트가 동유럽 국가의 여성이라고 보도했다. 2000년대 초반까지는 러시아와 우크라이나 여성이 많았지만 이후 새로 EU에 가입한 루마니아, 불가리아, 헝가리 출신 여성의 비율이 늘어났다. 이들 국가로부터 성매매로 유입되는 이주 여성이 많은 것은 당연히 빈곤 때문이다.

이때 이 상황을 여성 인권 문제로서 인식하고 제도를 고민하면서 크게 두 흐름의 논의가 생겨났다. 성매매를 여성에 대한 폭력으로 규정하는 것과 성매매를

[표2]

	유형	주요 특징	해당 국가
성매매 금지•	성도덕적 금지주의	• 성매매를 미풍양속 해치는 성적 타락으로 봄 • 성매매 알선업자, 성 구매자, 여성 모두 처벌	미국, 일본
	신금지 주의	• 성매매를 여성에 대한 폭력으로 규정 • 성매매 알선업자, 구매자 처벌 • 탈성매매 지원	스웨덴, 캐나다, 프랑스, 노르웨이, 북아일랜드
성매매 허용	합법적 규제주의	• 성매매업을 경제 행위로 보고 법적·제도적 규제와 규칙 적용 • 성매매 여성을 업소와 동등한 계약 관계의 개인사업자로 봄	독일, 네덜란드, 뉴질랜드••
	비범죄 주의	• 어떠한 규제도 없이 성매매 인정 • 성매매 완전 비범죄화	국제 앰네스티 주장

• 한국은 성도덕적 금지주의와 신금지주의가 상호 모순적으로 뒤섞여 있어 【성매매알선 행위 등에 관한 처벌법】은 성매매 피해자와 성매매 행위자로 나눠서 처벌 유무를 가르고 【성매매방지 및 피해자보호에 관한 법률】에서는 성매매된 여성(성매매 피해자와 성매매 행위자 모두를 성매매 피해자 등으로 규정) 모두를 보호, 지원하도록 하고 있다.

•• 뉴질랜드는 비범죄주의의 사례로 거론되기도 하지만 현행법상 성매매업 등록과 영업 장소 제한 및 그밖의 의무와 위반 시 처벌 규정을 두고 있다.

처벌하는 것이 여성에 대한 낙인을 강화하므로 이를 '노동'으로 인정하여 성매매 여성이 권리를 누릴 수 있도록 하자는 주장(성 노동론)이다. 성매매에 대한 법의 입장만을 기준으로 나누면 크게 금지와 허용으로 볼 수 있다. 하지만 이 두 입장은 다시 그 안에서 완전히 상반된 가치 기준 아래 세부 갈래로 나뉜다[표2].

성매매를 금지하는 입장 안에는 성도덕 관점과 여성 인권이라는 두 가지 대항적 가치가 있다. 성도덕적 금지주의는 성매매를 성적 타락으로 여겨 성매매 행위가 사회의 미풍양속을 해치므로 성매매에 관련된 모든 이를 처벌한다. 대표적인 국가는 미국과 일본이다.[1] 일본의 『매춘방지법』은 성매매 알선업자를 처벌 대상으로, 여성을 보호 처분 대상으로 두지만 보호 처분이라는 명분으로 여성을 강제 수용할 수 있는 반인권적 내용을 담고 있다. 한편 여성 인권 차원에서 성매매를 금지하는 국가에서는 성매매를 여성에 대한 폭력으로 규정한다. 대표적으로는 노르딕 모델이다. 이들은 알선업자와 성 구매자만을 처벌하며, 성매매 여성에 대해서는 성매매로 유입되는 조건인 빈곤, 차별, 폭행으로부터 보호받고 탈성매매할 수 있도록 지원한다.

성매매를 법적으로 허용하자는 입장으로는 합법적 규제주의와 비범죄주의가 있다. 합법적 규제주의는 성매매업에 대해서도 다른 경제 행위와 동일하게 다양한 법적·제도적 규제를 두는 것을 의미한다. 독일이나 네덜란드 등 성매매를 노동으로 인정하는 국가들은 여성들이 업소에 고용되거나 종속되는 것이 아니라, 개인사업자로서 건물을 가진 업소나 에이전시 등과 대등한 계약 관계를 맺는 것으로 본다. 이를 전제로 이들 나라에서는 성매매 업소의 영업 가능 지역을 설정하거나 세금을 부과하는 등의 규제를 지방정부에서 정하도록 하고 있다. 한편 비범죄주의는 성매매를 인정하고 이에 대한 어떠한 규제도 없도록 한다는 것이다. 2015년 국제 앰네스티가 성매매 여성의 인권을 위한다는 취지하에 성매매 완전 비범죄화를 그들의 정책으로 내세운 바 있다. 성매매를 합법화해도 규제들이 생기면 성매매 여성 인권이 취약해지므로 성매매에 대해 어떠한 규제도 하지 않을 것을 요구하는 입장이다.

한국 역시 성도덕적 입장에서 성매매를 바라보는 시각이 여전히 강력하다. 순결을 목숨보다 중시하며 강간이 '정조에 관한 죄'였던 시절의 사고방식은 서서히 물갈이되는 중이지만, 사회 일반의 시각은 여전히 성매매 여성을 도덕적으로 재단하는 데 길들여져 있다. '퇴폐' '문란'을 이유로 성매매를 금지하자는 이들이나 '성폭력 억제를 위해 필요한 하수구'로서 공창제가 필요하다는 이들도 모두 성매매를 성도덕 프레임에서 보고 있다. 이는 여성을 어머니 마리아와 창녀 마리아로 이분화해 통제하려는 사고다. 성평등 측면에서 훨씬 선진적인 서유럽 국가도 여전히 이러한 종교적 성보수주의에서 자유롭지 않다. '성매매 여성은 타락한 여성'이라는 낙인과의 싸움은 기독교적 기반을 지닌

유럽 국가들에서도 현재 진행형이다.

성차별적 사회에서는 성매매 허용도 금지도 성매매 여성에 대한 낙인과 혐오로 수렴된다. 이 성차별적 틀이 여성 인권 차원에서의 정책 논의를 가로막는 명백한 한계이기도 하다. 그리고 이 지점이 2000년대 초반 한국에서 『성매매방지법』 제정을 요구했던 여성운동의 딜레마였다. 낙인과 혐오를 종식시키기 위한 성매매 금지주의 정책이 성도덕주의에 사로잡힌 사회 인식 수준과 만나면서, 법안은 이것도 저것도 아닌 채로 수정되어 통과되고 말았다.

합법화 이후의 현실
—독일

독일은 2002년 인신매매를 줄이고 성매매 여성들의 처우를 개선할 수 있을 것이라는 기대와 목표를 갖고 성매매를 합법화했다. 보수적 시각으로 성매매 여성을 낙인찍는 차별적 시각과 처우를 시정하고, 이들이 노동자로서 사회복지 혜택을 누리도록 하겠다는 법 제정 의의에 많은 이가 지지를 보냈었다. 당시에는 여성주의 시각에서도 이것이 환영할 만한 관점으로 받아들여졌다. 독일 성매매 합법화의 골자는 성매매 거래와 성매매 광고를 인정하는 것이다. 그 외의 내용은 각 연방주 정부에서 자율적으로 정하고 있다. 베를린은 지역 구분 없이 성매매 영업이 가능하고, 뮌헨 같은 곳은 도심 외곽에 성매매 가능 지역을 한정하고 있다.

2018년, 여성 인권을 고려하는 맥락으로 성매매를 합법화한 나라들의 성매매 실태를 직접 확인하기 위해 독일과 네덜란드를 방문했다. 그리고 목격한 현장은 각종 매체와 연구를 통해 보고 듣던 것 이상으로 많은 것을 알게 해주었다. 우선 볼 수 있었던 것은 바로 막대한 부를 축적하고 화려한 생활로 주목받는 성매매 알선업자들이었다. 네덜란드와 독일의 대형 성매매 업소 포주들은 성공적 사업가로서 자서전을 출간하고, 이들이 성매매 알선업소 운영을 컨설팅해주는 리얼리티 쇼가 제작되었다. 영세 사업자를 돕는 취지로 제작된 한국의 컨설팅 프로그램 「백종원의 골목식당」과 유사하지만 이들의 컨설팅은 성매매 알선업으로 성공하는 방법이고, 더욱 다른 것은 자본의 규모다. 그들은 직접 프로그램을 제작할 만큼의 재력과 전방위 로비스트가 될 권력을 가지고 있다. 이에 그치지 않고 이 '포주들'은 정계로 나아간다.

독일의 경제 중심이라는 프랑크푸르트 중앙역 바로 앞의 골목부터 시작되는 성매매 거리는 대낮에도 무리 지어 마약을 하는 이들이 있어 동양인 여성끼리 지나가기에는 두려운 곳이었다. 성매매 업소가 몰려 있는 거리에는 마약 중독자들을 위한 드러그하우스가 함께 있다. 마약의 소유, 구매, 판매가 금지된 독일에서 마약을 할 수 있는 곳이 조성되어 있는 것이다. 목적은 마약을 하는 이들이 위험에 노출되지 않고, 중독에서 벗어날 수 있는 기회를 주기 위함이라고 한다. 실제로 주사기를 깨끗하게 사용하고 마약 중독에서 벗어나는 이들이 증가했다는 긍정적 평가도 있다. 하지만 내가 본 광경은 이른 아침 시간 깨진 술병이 위험하게 널린 공원에서 주사를 맞는 젊은 여성의 모습과, 대낮부터 마약에 취해 바지도 제대로 여미지 않은 채 성매매 업소 앞을 서성이는 남성 무리였다. 그리고 그곳에는 남성 전용 길거리 변기가 놓여 있다. 상체만을 가려주는 칸막이와 함께 설치된 이 변기는 암스테르담의 성매매 집결지 거리에서도 보았던 것이다. 남성들이 성구매 욕구를 절제하지 않아도 되는 것처럼, 남성만을 위한 길거리 변기는 여성을 구매하는 남성의 배설 행위를 어떤 포장도 없이 보여주는 듯했다.

독일의 성매매 거리는 확연히 구별되는 하나의 세계처럼 보였다. 함부르크의 유명한 성매매 집결지인 '리퍼반'은 그 거리의 양 입구에 벽을 세워두었다. 그 벽에는 '남성만을 위한 곳, 18세 이하와 여성은 금지된 곳'이라 쓰여 있다. 성매매가 성인 남성을 위한 것이며 여성과 아동이 그 도구가 된다는 불변의 현실을 너무나 명확히 보여준다. 이 거리에는 복도식 업소들이 많았다. 가장 눈에 띄는 거대한 업소는 한 건물에 180개의 방이 있다. 여성들은 그 방을 임대해 성매매를 한다. 임대한 방 앞 복도에 그들이 나와 있으면 구매자들이 복도를 걸어가면서 여성을 고른다. 1회당 서비스 내용에 따라 20~60유로다. 방 하나의 하루 임대료가 140유로 정도라고 하니 업주는 엄청난 임대 수익을 올리게 된다. 나라가 개인사업자로 인정한 이 여성들은 그 방값 이상의 수익을 올리기 위해 최대한 많은 손님을 받아야 한다. 구매자가 뜸하거나 갑자기 몸이 안 좋아지기라도 하면 그 방값은 고스란히 빚이 된다. 운영 시스템을 들으며 확신할 수 있는 것은 이곳에서 성매매를 통해 가장 큰 이윤을 얻는 이는 건물주라는 사실이었다. 그럼 이 건물을 소유한 이들은 누구일까? 이들은 포주가 아니라 그저 임대 사업가다. 다만 이 빽빽한 방들을 빌리는 성매매 여성 대부분이 동유럽권 출신 이주 여성이며 이들을 관리하는 중간관리자들이 존재한다. 그들이 이 여성들을 이리 저리 이동시킨다.

프랑크푸르트의 성매매 구역은 중심가를 벗어나 한적한 고속도로 입구 쪽에서 찾을 수 있다. 근접하자 여성들을 골라 흥정하려는 구매자의 차량들이 속도를 줄이고 그곳으로 속속 들어서고 있었다. 이곳에도 여성들을 관리하는 이가 있고, 여성들은 그 관리자, 즉 포주들에게 세금과 관리 비용을 지불한다. 베를린에서 방문한 길거리 성매매 지역은 세련된 주택가였다. 이곳에는 루마니아, 헝가리 등 여성들의 국적으로 거리가 구분되어 있고 여성들은 거리에 나와 서 있다. 그리고 그들의 관리자, 포주들이 카페에 앉아서 혹은 여성들의 바로 뒤편에서 지켜본다. 이 거리에 사무실을 두고 여성들을 지원하는 활동가는 성매매 여성 대부분이 독일어를 못하기 때문에 지원에 어려움이 있고 무엇보다 또 포주들이 지켜보고 있기에 제약이 많다고 했다. 그들은 만삭이 되어서까지 길거리 성매매를 하던 18세의 한 이주 여성을 출산 직전에야 자국의 가족에게 돌아갈 수 있도록 지원할 수 있었다. 하지만 그렇게 돌아간다 해도 관리 조직이 다시 그를 성매매 현장으로 돌려보낼 것이었다. 그 거리의 활동가 사무실에는 사회복지사 한 명이 상근하고 있다. 그마저도 후원금으로 운영되며, 여성들의 탈성매매를 돕는 정부의 지원은 없다고 했다.

독일에서 구글맵을 켜고 성매매 집결지를 의미하는 'brothel'을 입력하면 무수한 업소가 지도 위에 나타난다. 여성들이 나체로 대기하고 있는 대형 FKK 업소와 복도식 업소(Laufhaus)까지 다양하다. 성매매를 광고하는 방식은 대로변의 커다란 입체 간판부터 각종 포털 사이트와 스마트폰 어플 등 어디든 눈길 가는 곳에, 손만 뻗으면 닿을 수 있도록 되어 있다. 성매매 알선 어플은 구매자의 위치 기반 서비스를 통해 가까운 성매매 업소와 여성들의 정보를 알려준다. 여성의 사진과 나이, 인종, 서비스의 내용을 세세하게 제공한다.

프랑크푸르트에서 만난 활동가는 구매자들에 의해 살해당한 여성들의 기록을 모으고 있었다. 그는 성매매가 합법화된 이후 오히려 여성들의 죽음이 더욱

사소한 것으로 처리되고 있다고 말했다. 지역신문에 실린 성매매 여성 살해 기사를 스크랩하며 가장 큰 분노와 슬픔을 느끼는 건 부고란에 그들이 성매매를 위해 올린 프로필 사진이 쓰일 때라고 했다.

전 세계 성 노동자를 존중하라?
—네덜란드

네덜란드의 수도 암스테르담은 아름다운 도시다. 운하를 사이에 두고 고풍스러운 집들이 늘어선 그곳의 성매매 집결지 역시 아침햇살 아래 더없이 아름답고 평화로워 보인다. 하지만 오후 나절부터 분위기는 조금씩 바뀐다. 관광객과 구매자들이 서로 다른 필요를 안고 암스테르담의 홍등가(Red Light District)를 누비고 다니기 시작한다. 성매매 업소 사이사이로 여행객을 위한 호텔이 위치하며 몇 집 건너마다 대마초를 파는 상점이 들어서 있다. 기념품 가게들에는 여성의 육체를 부위별로 쪼개어 만들어놓은 기념품이 즐비하다. 그리고 전형적인 '유리창 업소'를 볼 수 있다. 유리 안으로 성매매 여성들이 서 있고 그 바로 뒤로 침대가 보인다. 구매자가 들어갔음을 나타내는 붉은 등이 켜지면 유리창 안에서 커튼이 내려진다. 그밖에도 핍쇼(peepshow)*를 하는 업소가 마치 극장처럼 과장되게 화려한 외양을 자랑한다.

한켠에 "전 세계 성 노동자를 존중하라"는 선언을 새긴 성 노동자의 동상을 두고 번창하고 있는 암스테르담 성매매 산업의 오늘, 사람들이 걸어 다니는 길바닥에는 도드라진 여성의 가슴과 그것을 움켜잡으려는 손이 조각되어 있다. 기념품 상점은 피어싱을 한 여성 성기 모양 열쇠고리와 함께 '여성 성기를 잡으라'는 문구가 쓰여 있다. 성 노동을 지지하는 이들이 "우리(성매매 여성)를 구조하지 말고 유리창(성매매 업소)을 구조하라"[2] "성 노동도 노동이다"를 구호로 내건 사무실 옆으로 성 노동자의 동상이 서 있고, 그 앞에서 무수한 단체 관광객 무리가 가이드의 설명을 듣고 있다.

성매매 합법화는 활발한 시장을 형성하고, 그곳에 가지 않은 이들조차 그곳으로 안내한다. 합법화된 국가의 성매매 업소에 다녀왔다는 경험담들이 인터넷 게시판과 개인 블로그, 인터넷 카페에 노골적으로 올라온다. 전 세계인을 대상으로 한 성 구매 관광 패키지가 다양하게 제공되고, 각 업소들은 방마다 화상 채팅이 가능하도록 해두어 인터넷으로 연결된 어디에서든 성 판매 여성과 실시간으로 만날 수 있다.

성매매를 산업으로, 노동으로 정상 범주화한 사회가 만드는 풍경은 제도를 만들 때 오갔던 말이나 기대와는 많이 달랐다. 해당 사회가 사람들에게 무엇을 학습시키는지, 성 노동을 권리로 만든 이들이 결국 바란

세상의 모습이 무엇이었는지를 선명하게 볼 수 있었다. 국가가 성매매를 공식적으로 인정하고 성 노동을 직업으로 대우한 사회에서는 성매매 알선과 성 구매 행위를 비난하거나 제약하기가 어려워진다. 그런 상황에서 성매매를 여성 대상 폭력이라 주장하는 이들이나 단체들은 부유한 성매매 사업가들, 성 노동 지지자들에게 정신적·물리적 압박을 받고 있었다. 성 노동을 반대하는 개인에 대한 심각한 위해가 가해지기도 한다.

독일에서 반성매매운동을 하는 성매매 경험 당사자 조직 '엘라(Ella)'와 전 세계 성매매 경험 당사자들의 조직인 '스페이스 인터내셔널(SPACE International)'의 회원 마리 메르클링거를 프랑크푸르트에서 만났다. 프랑크푸르트 인근 소도시에 살던 그는 자신이 페미니스트이며 강한 여성이라 자부했기에, 아이들을 키우며 경제적으로 힘든 상황에서 '성 노동'을 할 수 있다고 생각했다고 말한다. 그리고 그 선택을 한 이후 몇 년 동안 그는 성매매로 인한 우울증과 트라우마에 시달리게 되었다. 견디다 못한 그는 노동복지관을 찾아갔다. 그에게는 성 노동자의 권리를 위해 성매매 합법화를 선택한 독일이라는 나라가 자신과 같은 여성들을 위한 지원책을 가지고 있을 거라는 믿음이 있었다. 그러나 아무것도 없었다. 오히려 안타까운듯 '왜 성 노동을 더 할 수 없느냐?' 하는 물음을 들었으며, 실제로 이제 성매매를 안 한다는 것을 따로 입증하지 않으면 실업급여를 받을 수 없다는 걸 알게 됐다. 이후 마리는 성 구매에 반대하고 반성매매 활동을 하는 이들과 만나게 되었다.

'성 노동자'라는 환상

2018년 미국에서 성매매 알선업자, 즉 포주가 주의원으로 당선되었다. 69퍼센트의 득표율로 그의 당선이 확정되었을 당시 그는 사망한 뒤였다. 미국에서 유일하게 성매매가 합법인 네바다 주에서 일어난 일이다. 네바다 주 법에 따라 후보 등록 후 사망하더라도 선거는 치러질 수 있고, 그 경우 죽은 후보의 소속 당이 지정한 대리인이 임기를 수행할 수 있다.

당선된 죽은 포주, 데니스 호프는 생전 대규모 성매매 업소를 여럿 운영했고 그의 업소는 미국 HBO 리얼리티 쇼로 만들어지기도 했다. '미국에서 가장 유명한 포주'라 불린 그는 성매매 여성을 성폭행한 혐의로 여러 차례 수사를 받았지만 증거 부족으로 어느 건으로도 기소되지 않았다. 2016년에는 화재로 모든 것을 잃은 가족을 위해 그의 업소를 찾은 스무 살 여성과 처녀성 경매를 계약해 화제를 모았다. 도널드 트럼프의 열렬한 지지자였던 그는 2015년 트럼프의 책 『거래의 기술』을 좇아 『포주의 기술(The Art of the Pimp)』이라는 제목의 자서전을 내기도 했다.

성매매가 합법화된 나라들의 모습을 보면, 한번 성매매 합법화를 하게 되면 다시 되돌아오기란 지극히 어려워진다는 걸 알게 된다. 일제 강점기 이후 『성매매방지법』이 제정되던 2004년까지 국가가 조장해온 한국의 상황에서도 이미 우리는 배웠다. 이미 거대해질 대로 거대해진 성매매 시장이 사회를 통제하는 권력 자체가 되며, 여성들을 상품으로 거래하는 그 시장 안에서 권력층의 부패와 비리와 유착이 이루어지고, 남성들의 관념 속에서 섹스는 성매매를 기준으로 치환된다.

성매매를 '자유'라는 말로 포장한 나라에서 그 시장이 어떻게 구현되는지는 이미 독일과 네덜란드의 현재가 적나라하게 보여주고 있다. 그럼에도 여전히 성매매 여성의 권리를 위한다는 미명 아래 성 노동을 낭만화하며 독일과 네덜란드를 추종할 만한 사례로 꼽기도 한다. 그러한 주장을 단지 하나의 의견으로 가볍게 보아 넘겨서는 안 된다. 성매매가 합법화된 사회에서 그로 인해 벌어들인 자본을 포식하는 알선업자들이 그런 주장의 뒤를 지키고 있기 때문이다.

성매매 여성들의 동의를 당당함으로 포장한다고 해서 성 구매와 알선의 폭력적 본질이 사라지지는 않는다. 성매매 안에서 인간 여성의 존엄은 없다. 성매매를 긍정함으로써 얻게 되는 유일한 것은 이들이 언제든 돈만 내면 사용할 수 있는 육체로서 준비된다는 것뿐이다. 성매매 합법화는 성 구매를 당당한 소비로 만들고 포주를 자랑스러운 사업가로 만들어주었다. 만일 그가 죽지 않았더라면 우리는 거대 성매매 업소(mega brothel)를 소유한 포주가 주의원이 되는 것을 보았을지 모른다.

성매매 합법화가 만든 재앙

독일이 2002년 성매매를 '정상 거래'로 승인하고 5년여가 지난 시점부터 성매매 산업의 확장, 인신매매 증가, 성매매 여성 착취 문제 등이 본격적으로 드러났다. 2013년 독일의 『슈피겔』 지에는 성매매 합법화 10주년 특집 기사가 5회에 걸쳐 연재되었다. 제목은 "성매매 합법화 어떻게 실패했나"였다. 이 기사에 따르면 합법화 이후 독일 성매매 산업의 규모가 커지면서 이주여성이 대거 유입되었고 성매매 가격은 저렴해졌다. 합법화 이후 성매매 여성이 사회보험의 혜택을 받을 수 있는 고용자로 등록된 건수는 단 1퍼센트에 불과했으며 성매매 합법화 국가들에서 인신매매가 더 증가했다는 결과도 발표되었다.

성매매 여성들에 대한 새로운 보호법이 필요하다는 독일 정부를 향한 요구가 가시화된 것은 대형 성매매 체인 업소를 소유한 업주들이 행한 인신매매 등 인권 착취 범죄가 드러나면서였다. 성매매 업소가 많아지고 경쟁이 치열해지면서 사업주들이 단가를 낮추고 더 많은 여성을 공급하기 위해 인신매매를 한 것이다. 이 사건들은 재판 진행에 몇 년씩 시간을 끌었는데, 확실한 증거가 있음에도 포주 사업가들의 처벌에 어려움을 겪었다. 또 다른 변화로는, 시간이 갈수록 착취적 성매매가 서비스로서 제공되고 버젓이 광고되었다. 일정 금액만 내면 무한대로 즐기고 성매매할 수 있는 정액형 업소를 운영하며 성 착취를 이벤트로 진행했는데, 일례로 '남성다움의 날'이라는 이벤트는 모의 집단 강간을 제공했다. 점점 더 자극적인 것으로 구매자들을 끌어모으려는 업주들이 임신 9개월 여성을 집단 강간하는 이벤트를 열고, 이를 촬영한다. 그리고 그 장면은 그대로 성매매 광고 사이트에 게재된다. 임신한 여성이 나체로 있고 그 주위를 스키 마스크를 쓴 남성들이 둘러싼 모습, 그들이 여성의 입과 얼굴에 사정하는 모습들이 사이트에 올라간다. 그것을 보면서 성매매는 다른 일과 다르지 않은 '일'이라 받아들이도록 하는 것 자체가 성매매 합법화가 만드는 가장 강력한 영향이다.

길거리 성매매의 위험성을 이야기하며 합법화를 얘기하는 이들이 있다. 성매매 경험 당사자로서 반성매매운동을 하고 있는 레이철 모랜은 저서 『페이드 포(Paid For)』에서 합법적 업소에서 하는 실내 성매매가 길거리 성매매보다 여성에게 아무 선택권이 없었다고 적는다. 사실 성매매에서 여성의 선택권을 이야기하는 것 자체가 근본적 한계이자 모순이다. 성매매가 합법화된 현장에서 여성들은 훨씬 기업화된 관리하에 금액별 상품으로 메뉴판 위에 나열된다. 질내 사정, 얼굴 사정, 항문성교, SM 같은 모든 서비스의 내용이 가격표로 체계화된다. 돈을 벌고자 하는 이들은 더 많은 행위를 허용한다. 여성의 상품성과 경쟁력이 떨어질수록 가격은 할인되고, 기본 가격에 추가 서비스를 끼워 협상한다. 성매매 합법 국가에서 성매매는, 허용된 구역이기만 하다면, 업종과 형태를 가리지 않고 길거리에서든 호텔에서든 마사지 숍, 테이블댄스 주점 어디에서든 일어난다. '여성들이 성을 판매할 권리'만이 보장되는 이곳에서 그들은 포주들의 경쟁 속에 점점 저렴해지고 더욱 노골화된 서비스를 제공한다. 게다가 이런 현실에도 불구하고 여성을 능동적 성 판매자로 상정하는 허울 좋은 인식은 실제 여성들이 경험하는 착취와 학대를 개인 선택의 결과로 만든다. 그로 인해 성매매 여성이 안게 되는 트라우마는 '할 만한 일'에 적응하지 못한 개인의 문제로 축소되며, 여성 자신 역시 스스로를 탓하게 된다. 성매매가 법적으로 전혀 문제되지 않는, 오히려 자랑스러운 '사업'인 나라에서 모든 문제는 '일'을 제대로 수행하지 못한 성매매 여성 개인의 문제일 뿐인 것이다.

현지에서 여성들을 지원하는 반성매매 활동가들에게 가장 힘든 부분 역시 '여성들이 당하는 착취를 착취라 할 수 없는 것'이라 말한다. 성 노동론을 주장하는 이들은 성매매 여성이 착취당한다는 주장조차 이들의 행위성을 지우고 여성들을 낙인찍는 종교적 성 보수주의 시각이라 비난한다. 왜 그것을 굴욕이라 판단해 여성들을 피해자화하느냐는 관점이다. 이들에게 성매매 여성은 '쾌락 생산 노동자'일 뿐이며 임신부와의 난교 파티나 엽기 포르노에나 등장할 법한 여성 신체 훼손 등도 그저 일의 한 부분일 뿐이다. 이들은 마약에 중독된 채로 성매매를 지속하는 여성에 대해서도 그의 선택이므로 존중한다는 입장이다. 그에 개입하는 건 여성의 '선택'에 대한 권리 침해일 수 있다는 것이다.

독일은 2017년 7월 1일 성매매 종사자 및 성매매 시설에 『성매매종사자보호법(Prostitute Protection Act)』을 새로이 도입했다. 이 새로운 법률을 제정한 이유는 성매매에 나서는 여성들에게 권리와 의무에 관한 정보를 제공하고 필요할 경우 도움을 구하도록 장려하는 것이다. 성매매 여성이 자신의 '일'을 직접 등록하도록 의무화하고, 등록 시에 건강 및 사회 자문 서비스와 비상시에 도움을 받을 만한 정보를 제공받는다. 등록은 일하는 지역 관할 공공기관에 하며, 성매매 '가능' 장소들은 등록 인증서에 입력된다. 등록 후에는 증명서를 받게 되는데 21세 미만인 경우 1년, 21세 이상인 경우 2년간 유효하다. 18세 미만이거나, 21세 미만이며 다른 사람에 의해 성매매를 유도당하거나 강요받았을 때, 임신 중으로 6주 이내 출산 예정인 경우에는 발급받을 수 없다. 또 등록을 위해서는 건강 상담 후 인증서를 받아 제출하고 휴대해야 한다. 이외에는 각종 사회보험 가입 등 성매매 여성의 권리 보장을 위한 다양한 내용을 담고 있다.

그러나 이 권리 보장을 위한 절차가 사실상 성매매 여성에게는 의무 사항으로서 그들의 책임만을 강화한다.[3] 이미 이 법의 실시 전후해서 많은 인권단체가 우려를 표했다. 권리를 보호받기 위해 의무적으로 비용과 시간을 소요해야 하고 관련 규제에 따른 처벌 또한 여성들의 몫이 된다. 실질적으로 빈곤한 이주 여성이 대다수인 독일의 성매매 여성들이 처한 언어와 가난이라는 장벽을 고려하면 인권을 위한 이 같은 규칙이 그들의 상황을 더욱 열악하게 만드는 상황이 될 수 있는 것이다. 이 법은 '이 '일'은 네가 몸도 정신도 건강해야 할 수 있고, 출산 6주 이전부터는 안 되고, 거주할 집도 있어야 하고, 이걸 지키지 않으면 벌금을 내야해!'라고 주문한다. 성매매 합법화 이후 성매매 여성의 처우를 위해 내놓은 유일한 개선책이 성매매 여성에게 모든 걸 책임지우는 이 법인 것이다. 성매매 여성의 90퍼센트 이상이 이주 여성인 독일에서 이 법은 가혹할 뿐 아니라 사악하다. 성매매 '가능'이라는 선택지만 주고 스스로 안전을 책임지라고 말하며, 어길 시 벌금을 부과하는 것이다. 이는 규제 자체만의 문제라기보다는 성매매 합법화가 초래한 재앙일 것이다. 성매매 여성들의 피해가 발생해도 경찰 등 공권력이 개입할 여지가 없기에 궁여지책으로 만들어진 것이지만 실질적으로 이 법이 제정 의도대로 성매매 여성의 인권 보호 기능을 할지는 미지수다. 그 결과를 또다시 지켜보아야 하는 시간 동안 성매매 합법화가 낳은 재앙들은 계속 진행될 것이다.

누구를 위한 '완전 비범죄화'인가 —국제 앰네스티

성매매 합법화의 다른 흐름인 완전 비범죄화는 앞서 언급했듯, 성매매 합법화는 물론 규제조차 하지 말아야 한다는 입장이다. 독일 등지의 성매매 합법화 기저에 존재했던 '좋은 목적들'은 실패했음이 너무나 분명함에도 성 노동론을 주장하는 또 다른 이들은 독일의 합법화가 실패한 이유가 규제를 했기 때문이라고 주장한다. 성매매를 규제 없이 완전히 자유로운 시장에 맡기면 이런 문제는 해소되고 성 노동 여성들의 권리도 지켜질 수 있다는 것이다. 여기에 대한 강력한 화답을 국제 앰네스티가 마련했다.

2015년 8월 11일 국제 앰네스티는 총회를 통해 '모든 성 노동을 어떠한 규제도 없이 완전 비범죄화하라'는 권고안을 결의했다. 이에 전후해서 많은 단체와 개인의 항의가 이어졌다. 하지만 국제 앰네스티는 이를 강행했는데, 총회 의결 과정이 완전히 비밀리에 이루어졌다. 이 결정 이후 앰네스티 프랑스 지부는 결의 과정이 비민주적이었고 정책 결정의 토대가 된 연구 대상 4개국 선정이 부적절했다 지적하며, 이를 재고할 것을 공식적으로 요청했다.

앰네스티가 비공개 의결 과정을 거쳐 '성 노동자 인권 존중과 보호 및 실현을 위한 정부의 의무 정책으로 발표한 완전 비범죄화'란 무엇일까. 앰네스티는 파푸아뉴기니, 홍콩, 노르웨이, 아르헨티나 4개국에서 진행한 『성 노동자 인권 침해에 대한 조사보고서』를 공개하면서, '성 노동자'들이 처한 심각한 폭력적 상황과 사례를 열거했다. 이어 앰네스티는 '범죄화로 인해 성 노동자의 인권 실현에 장벽이 생길 것으로 보이며 때문에 성인 간의 동의하에 이루어지는 성 노동의 모든 측면을 비범죄화할 것을 요구'한다. 성 노동자의 권리를 보호하기 위해서는 성 판매를 범죄화하는 법의 폐지뿐 아니라 성인 간의 동의하에 이루어지는 성 구매와 성 노동의 조직화를 범죄화하는 법률 역시 폐지해야 한다는 것이 그들의 입장이었다.

『뉴욕타임스』의 기사 「성매매가 범죄여야 할까?」는 이 입장을 잘 보여준다.[4] 기사를 쓴 저널리스트 에밀리 바젤런은 "많은 성 노동자가 현재의 법과 사회의 도덕관에 대항해 싸우고 있다. 또한 그들은 주류 페미니즘과도 싸우고 있다. 주류 페미니즘은 일반적으로 더 나은 권리를 요구하는 성 노동자를 지지하기보다는 성매매로부터 여성을 구하는 데 초점을 맞춘다"고 주장하며 돈을 많이 벌 수 있어서 "나는 정말로 그 일을 좋아했다"고 말하는 성매매 당사자 여성의 이야기를 소개한다. 그는 노르딕 모델이라 불리는 스웨덴의 법이 성 구매를 범죄화해서 여성들을 더 큰 위험으로 내몰았다고 주장한다. 단속에 걸리고 싶지 않은 남성들이 그들만의 공간으로 여성을 데려가기 때문이다. 이어 그는 독일이나 네덜란드의 합법화에 대해서도 비판한다. 업소가 대형화되고 여성들을 건강검진 등으로 통제하면 성매매 여성들은 자율성을 빼앗긴다는 것이다. 때문에 그는 이 같은 합법화도 성매매 여성들이 원하는 바가 아니라고 주장하며 성매매 완전 비범죄화의 모델로서 뉴질랜드를 언급한다.

반성매매 활동가 레이철 모랜은 그의 책을 통해 이 기사의 많은 부분이 왜곡되어 있다고 주장한다. 그에 따르면 국제 앰네스티의 입장은 '성 노동 프로젝트 세계 네트워크(Global Network of Sex Work Projects)'에서 나온 것이며, 그 네트워크의 공동 의장은 성 착취 목적으로 인신매매를 하여 멕시코에서 15년 형을 살고 있다.

우리는 실패했다
—현장의 목소리

뉴질랜드에서 비범죄화 법안이 통과되기 전부터 이후까지 20년간 성매매를 했던 사브리나 발리스에 따르면 뉴질랜드가 성매매 비범죄화로서 달성하고자 한 성매매 여성의 권리 향상은 이루어지지 않았다. 사브리나는 현재 '스페이스 인터내셔널'의 회원이고, 비범죄화 이후 뉴질랜드의 상황에 대한 사브리나의 인터뷰를 홈페이지에서 읽을 수 있다.

> 나는 법이 바뀌기 전과 후 시기 모두 일을 했어요. 『성매매 개정법(이하 성매매법)』이 제정된 게 2003년이죠. 바뀌고 나서 좋았던 점은 범죄 기록 걱정을 더 이상 하지 않아도 된다는 것이었어요. 하지만 노르딕 모델 역시 성매매 여성에게 범죄 기록을 남기지 않아요. 나는 뉴질랜드 성매매 모임에서 자원 활동을 했기 때문에, 비범죄화가 목표로 삼았던 것과 실제 결과를 비교할 수 있었어요. 나 그리고 나와 함께 비범죄화를 위해 노력했던 사람들은 항상 권력이 성매매하는 사람들, 성 노동자에게 주어지기를 원했어요. 하지만 비범죄화는 그런 목표를 달성하지 못했습니다. 권

력은 업소 주인, 에스코트 회사 사장 그리고 성 구매자에게 주어졌어요. 『성매매법』이 시행되자 업주들은 정당한 사업가가 되어버렸어요. 그들은 정액제를 만들었어요. 정액제란 구매자가 업소 접수 담당자한테 한 번만 요금을 지불하면 되는 시스템이에요. 그 말인즉슨, 성 노동자는 협상을 할 수가 없다는 의미예요. 또, 업주가 여성(대부분 여성이므로)의 소득을 결정한다는 뜻이에요. 업주는 지불된 돈에 포함되는 '서비스'가 무엇인지 그리고 그중에 자기 몫이 얼마인지 결정할 힘을 갖게 돼요. 게다가 업주들은 여성들에게 임금을 주지 않거나 그 임금의 존재 자체를 부정할 힘까지 갖게 됩니다. 법이 개정되기 전에는 우리가 직접 화대를 협상하고 어떤 서비스를 제공할지 결정할 수 있었어요.

그가 전하는 『성매매법』 개정 이후 뉴질랜드 실태는 경악스럽다. 법은 성매매 여성을 개인사업자로 간주하는데 결과적으로 여성은 피고용자로서의 혜택을 받지 못한 채 고용된 형국이다. 그들은 근무 시작과 종료 시간, 주당 최저 근무시간, 요금, 무엇을 입고 무슨 서비스를 할지까지 업주에게 통보받으며 각종 규제에 따라 지각 벌금, 방 벌금, 외모 벌금, 결근 벌금, 그밖에도 일상적으로 근무료, 홍보료, 세탁료 등을 지불한다. 기업화가 되면 마약 등 연관 범죄는 사라질 거라는 예측도 틀렸다. 사브리나는 "마약을 쓰지 않는 업소와 에이전시를 한 번도 본 적이 없다"고 말한다.

성매매 비범죄화의 또 다른 심각한 문제는 성 노동을 화려하고 매력적인 어떤 문화처럼 보이도록 부추기는 데 있다.

> 비범죄화는 '서비스 제공자(성매매 여성)' 수를 400퍼센트나 증가시켰어요. 이건 단지 수요가 증가했기 때문이 아니에요. 「콜걸의 비밀 일기장(Secret Diary of a Call-girl)」 같은 TV 프로그램 때문에 성 노동이 '긍정적인' 이미지를 갖게 되면서 나타난 결과죠. 업주들과 에이전시 사장들도 '자기 여자들'의 수를 늘렸어요. 여기에 선택할 수 있는 여자가 더 다양해지기를 원하는 구매자의 욕구까지 부채질을 한 거죠. 성 구매자들은 가장 싸게 가장 많은 추가 서비스를 받길 원하고, 고를 여자가 아주 많기를 바라요. 어리고 초짜일수록 선호하죠. 그래서 업주들은 손님을 더 받기 위해 가격을 내려요. 그리고 이건 길거리 성매매와 개인 성매매 사업자의 가격도 내리게 만드는 파급 효과를 만들어내요. 이것 때문에 여자들은 손님을 구하기 위해 더 많은 서비스를 제공해야 하는 거예요.

그리고 이러한 판매 경쟁 과열은 현장의 여성들에게 가장 커다란 위협을 초래했다. 성매매 비범죄화의 큰 목표는 성매매 행위를 안전하게 만들겠다는 것이었다. 그러나 실제 결과는 법의 취지와 반대로 나타났다. 성매매가 기업화되고 서비스 경쟁이 심해지자 기존에 존재하던 안전에 대한 내부적 규율이 사라진 것이다.

> "열정"이라는 말은 딥키스를 포함하는 키스 서비스의 암호 같은 말이에요. 『성매매법』이 생기기 전에는 이런 서비스가 완전히 터부시되었어요. 아무도 하지 않았죠. 하지만 법이 생긴 뒤에는 거의 모든 사람이 이걸 해요. 입으로 헤르페스가 옮아 염증이 생길 위험을 감수하면서요. 저는 오럴섹스를 보호 기구 없이 하는 걸 법이 생긴 후에 처음 봤어요. 이런 오럴섹스는 "자연오럴(NBJ, Natual Blow Job)"이라고 불러요. "커버오럴(CBJ)"은 보호 기구를 사용하는 걸 의미하고요. 『성매매법』 이전에는 이런 용어 자체가 없었어요. 왜냐하면 이런 서비스는 자매애를 배신하는 일이라고 여겼거든요. '안전한 섹스'가 엄격하게 내부적으로 지켜졌었어요. 경쟁이 심해지고 가격이 떨어지니까 그런 규칙은 안중에도 없어지는 거예요. 그리고 또 이제는 남자들이 정해진 시간 안에 사정을 할 수 있는 만큼 여러 번

> 하도록 하는 게 관행이 되었어요. 예전엔 절대 그렇지 않았거든요. 한 번 돈을 내면 서비스도 한 번이었죠.

그밖의 수많은 변화가 성매매 여성들에겐 악몽이 되었다. 더 많은 구매자가 재갈 물리기, 목 조르기, 엉덩이 때리기, 거친 삽입 같은 폭력적 행위를 해도 괜찮을 것이라 생각하게 되었다. 비범죄화 이후 여성들은 자신이 어떤 서비스를 제공할지와 제공하지 않을지의 선을 긋기가 어려워졌다. 분명 폭력으로 인지할 만한 행위도 그저 구매자의 '성적 취향'이 되어 법 개정 이후 뉴질랜드에서는 돈이 필요한 성 노동자들이 모든 걸 일방적으로 감내하고 수용해야 하는 상황이 되었다.

사브리나가 밝혔듯 비범죄화 이후 뉴질랜드의 업주들은 끝도 없이 벌금과 각종 요금을 만들어냈다. 수입의 절반을 떼어 갔기에 여성은 손님을 상대하고도 돈을 받지 못하는 날이 흔했다. 그는 뉴질랜드 상황을 "빚을 담보로 하는 강간"이라고 부른다. 사브리나는 비범죄화 이후를 겪으며 자신들의 목적이 실패했음을 알았다. 그리고 그 사실을 인정하기가 힘들었다고 말한다. 비범죄화를 위해 함께했던 이들도 그 자신도, 모든 성매매 여성이 법적 보호를 받고, 일하는 환경에서 협상력을 발휘하고 안전하게 일할 수 있기를 바랐다. 하지만 실제 결과는 업주와 구매자만이 권력을 갖게 되었다. 그는 말한다. "제게는 우리의 실패를 인정해야 할 윤리적 책임이 있습니다."

남아프리카공화국 케이프타운 성매매 생존자 관련 기획인 '존엄을 품다(Embrace Dignity)'에 몸담은 당사자 활동가 미키 역시 사브리나와 유사한 경험을 했다. '존엄을 품다'는 법률 지원과 공공교육 그리고 인신매매되거나 성매매된 여성들이 떠날 수 있도록 도움으로써 성매매 여성들에게 가해지는 모든 형태의 성폭력을 종식시키고자 한다. 미키는 생존을 위해 성매매를 할 때 경찰의 단속이 가장 두려웠다고 말한다. 때문에 단체를 통해 '성 노동'이라는 개념을 처음 접했을 때 이것이 매력적이라고 생각했고, '성 노동자 교육 및 옹호 대책위(S.W.E.A.T., Sex Workers Education and Advocacy Task Force)'에서 활동하며 동료 교육자가 되었다. 그러나 그 역시 현실을 겪는 동안 생각을 바꾸게 된다. 계기는 성매매 전면 비범죄화 이후 뉴질랜드 업소에서 한 여성과 진행한 인터뷰였다.[5]

> 그는 법이 바뀌기 전까지 여성들이 대부분 길거리에서 성매매를 했고 보호받지 못했지만, 종종 포주가 없이 독립적으로 일했다고 말했어요. 하지만 비범죄화 후에 그들은 포주와 업주에게만 이득이 되는 업소로 옮겼다고요. 그는 개정법이 오직 경찰에 의해 자행되는 폭력에만 주목했을 뿐 여성들은 여전히 성병과 성 구매자들의 폭력에 취약하다고 말했어요.

비범죄화가 되면 분명 성매매 여성이 경찰을 걱정할 필요는 없게 되지만 성 구매자가 여성을 죽이거나 불구로 만들 확률이 항상 존재한다는 것은 모두가 알고 있다. 업소 운영자는 성매매 여성에게 콘돔 없이 성관계를 하도록 강요할 수 있다. 하지만 이 모든 위험이 마치 없는 것처럼 취급되는 것이다. 미키는 S.W.E.A.T. 지도부가 전면 비범죄화와 '여성들이 성매매에 종사할 권리'에만 집중하는 것의 한계를 느끼고 S.W.E.A.T.가 지원금 제공 재단의 의도에 맞춰 성매매 여성들의 삶을 희생시킬 수 있음을 깨닫는다. 미키는 말한다. "S.W.E.A.T.에 지원금을 제공한 재단이 오직 착취의 주체를 정당화하는 방식으로 '성 노동'의 틀을 짜고자 한다는 걸 알았죠." 그리고 그는 S.W.E.A.T.를 떠났다.

현재 그는 사브리나와 마찬가지로 노르딕 모델의 제정을 요구한다. 그의 입장은 어떤 운동단체나 후원 집단이 아니라 바로 그와 같은, 여전히 현장에 있는 성매매 여성들을 위한 것이다. 기사의 말미에 실린 그의 말은 의미심장하다. "모든 걸 빼앗기고 남은 것이라곤 성매매밖에 없는 나라를 만들 순 없어요. 흑인 여성들은 성매매가 아닌 정의와 평등을 쟁취할 자격이 있어요."

성매매의 완전 비범죄화를 표방한 사회에 포주는 없다. 에이전시와 조력자들이 있을 뿐이다. 완전 비범죄화 사회에서 이들은 여성의 몸을 판 대가로 먹고 산다는 딱지를 떼고, 성 노동자가 성매매로 돈을 벌고 안전을 확보하기 위해 필요한 것을 제공하는 어엿한 관리자가 된다. 성 노동론에서 당사자들의 입장은 여전히 중요하지만, 성매매 여성이 원했고 선택했으니 뭐든 가능하다는 발상이 얼마나 위험한지를 앞선 이야기들을 통해 알 수 있다. 성매매 여성들의 선택을 존중한다는 말로 모든 문제의 책임을 전가하고 시장의 논리에 그들을 던져 넣는 손쉬운 타협으로 인권은 지켜지지 않는다. 적절한 규제 없이 약자가 보호받는 시장이 역사상 존재는 했었는지 묻고 싶다. 모든 노동이 노예 상태에서 벗어나기 위해 싸워온 역사가 아직 끝나지 않았고 노동자의 권리를 위한 수많은 법률이 있어도 사회적 약자들의 인권은 저절로 지켜지지 않음을 우리는 보아왔다. 성매매 여성을 사회적으로 가장 취약한 계층이라 말하면서 그들을 위해 규제를 없애기를 해결책으로 내미는 주장이 21세기에 가능한 이유는 무엇인가?

다양한 당사자의 목소리 중 유독 성 노동만을 인정하는 입장은 명백히 선택적이며, 그것이 누구를 위한 선택인지는 분명하다. 성매매 여성의 생계를 위해 성 구매자와 성매매 알선업자를 처벌도 규제도 하지 말아야 한다는 주장으로 누가 무엇을 얻고 있는가. 성매매 완전 비범죄화 사회가 수호하는 것은 결코 성매매 여성의 권익이 아니다.

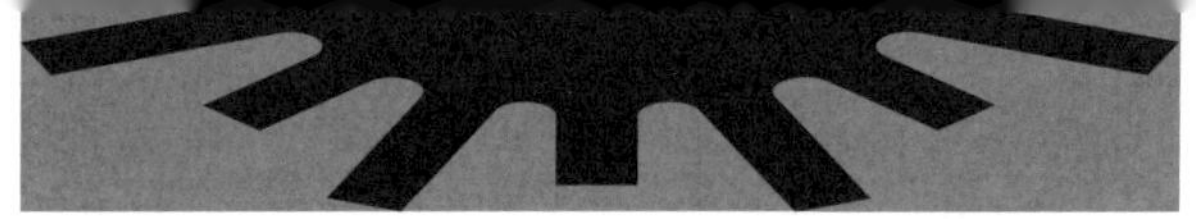

"언제 누구에게든 성매매는 폭력이다"

스페이스 인터내셔널SPACE International

스페이스(SPACE)는 "계몽을 위한 성매매 학대 생존자 모임(Survivors of Prostitution-Abuse Calling for Enlightenment)"의 약자로, 성매매가 그 자체로 학대임을 알리며 사회 변화를 요구하는 국제 생존자 모임이다. 2012년 다섯 명의 아일랜드 출신 여성이 모여 창립, 대중과 대화하기 위해 생존자의 익명성을 포기하는 것을 강령으로 삼았다. 이로 인해 초기에 모인 다섯 명 중 레이철 모랜과 저스틴 라일리만이 정식 멤버가 되었으며 다른 세 사람은 연대자이자 동료로 남았다. 이후 아일랜드뿐만 아니라 영국, 프랑스, 덴마크, 독일, 미국 등 다양한 국적의 여성들이 모였다.

https://www.spaceintl.org

네트워크 엘라Ella

노르딕 모델을 요구하는 성매매 경험 당사자 네트워크. 성매매 여성들과 연대하며 성 구매를 반대한다.

https://netzwerk-ella.de

노이슈타트Neustart

베를린 도심 길거리 성매매 지역에서 '새로운 시작(new start)'이라는 이름의 작은 카페를 현장 상담소로 두고 여성들에 대한 현장 지원 활동을 하고 있다.

활동가 마리 메르클링거Marie Merklinger

마리는 경제적 어려움 때문에 독일 성매매 산업 안에서 3년을 보냈다. 성매매가 아닌 직장을 찾은 후 2011년에 탈성매매했다. 성매매로 인한 트라우마에 압도되었던 그는 도움을 줄 사람과 대화 상대를 찾아보았지만, 성매매가 합법화되어 있는 독일의 산업 구조에서 그를 도와줄 사람이 아무도 없다는 것을 알게 되었다. 성매매가 정상적인 '직업'으로 간주되는 나라에서, 지원이란 없는 것과 같았다. 그는 자신의 나라에서 지금까지도 여성에 대해 정의롭지 못한 처우가 지속되고 있는 상황을 바꾸기 위해 노르딕 모델을 지지하며 투쟁한다. "어떤 경우에도 누군가를 사고파는 것이 선택권이 되어서는 안 된다. 언제든 그리고 누구에게든 관계없이 성매매는 해롭고 폭력적이다."

테르데팜Terre des Femmes

비영리 여성인권 단체로 1981년 함부르크에서 출발해 현재 베를린에 본사를 두고 있다. '여성과 소녀의 권리를 위해 싸운다'를 모토로 한다. 2018년 방문 당시 전국 회원들의 합의로 단체의 입장을 '성매매합법화 및 성매매에 반대'로 분명히 하고 노르딕 모델 도입을 목표로 했다. 20여 개 도시와 대학에 자원활동가 그룹을 두고 젠더 기반 폭력 이슈에 대응하며, 폭력 피해 여성을 위한 기금을 운영한다.

https://www.frauenrechte.de

솔우디SOLWODI

'어려움에 처한 여성과의 연대(SOLidarity with WOmen in DIs-tress)'의 약어로 섹스관광·인신매매·계약결혼을 통해 독일로 들어온 이주여성을 위해 운영된다. 수녀 아커만 박사(Dr. Lea Ackermann)가 케냐 몸바사의 여성들이 빈곤으로 인해 성매매에 대규모로 유입되는 것을 보고 문제의식을 느껴 성매매 여성을 위한 센터를 1985년 케냐에 처음 설치했다. 독일에 돌아온 뒤 독일의 이주여성 역시 유사한 상황에 놓여 있음을 알고 솔우디를 열었다. 현재 솔우디는 종교적 색채 없이 독립적으로 운영되고 있으며 인신매매, 착취, 폭력, 강제 결혼 등에 노출되어 있는 이주여성을 위해 심리적·사회적 지원 및 법률 지원, 쉼터, 귀국 및 거주국에서의 통합 지원 등을 제공한다. 독일에서 흔치 않게 성매매에 대해 비판적 시각을 견지하는 단체다.

https://www.solwodi.de

인신매매 방지를 위한 단체 연합 KOK(카오카)

현재 38개 단체가 소속된 민간단체 연합으로 인신매매와 이민자 인권침해에 반대하며 인신매매 피해자의 피해 보상 논의와 긴급 지원 등 활동을 한다. 다만 성매매를 인신매매와 분리해서 볼지에 대해서는 의견이 갈리는데, 소속 단체 중 솔우디와 테르데팜만이 공식적으로 성매매 근절주의 입장을 표한다. 2018년 인터뷰 당시 KOK 활동가들은 '개인적으로는 성매매에 반대하나 단체가 반성매매 입장을 공표할 경우 기금 등 마련에 어려움이 생길 수 있다'고 답변했다. 성매매 반대가 성매매 여성을 낙인찍고 그들을 향한 비난이 된다는 인식이 존재하여 공식적으로 반성매매 입장을 피력하는 것은 위험한 일로 여겨진다.

https://www.kok-gegen-menschenhandel.de

6장

더 나은 길에 서다

모든 것이 성매매가 된다

한국 '원조교제'의 원조 격인 일본은 여전히 '파파카쓰(아빠 활동)'들의 세상이다. 미국에 '슈가 대디'가 있다면 프랑스 파리에는 '리치미트뷰티풀(RichMeetBeautiful)'이 있다. '리치'가 '뷰티풀'을 만나도록 알선하는 웹사이트들은 '훌륭한 슈가 대디를 얻는 법'이라는 교육을 진행한다. 성매매는 단순하지 않다. 인권에 기초한 개방된 성 인식을 갖고 성 평등 수준이 비교적 높은 나라라 할지라도 자본주의 사회에서는 성차별과 상대적 빈곤이 교차하는 곳에서 언제든 모든 관계가 성매매화될 수 있다.

성적 쾌락을 핑계로 여성을 이용할 권리가 성 구매자들에게 있다는 믿음, 그것이 곧 성매매다. 그리고 성매매가 '가능하다'고 인정될 때 모든 것은 성매매가 된다. 그러니 성매매 시장이 성립하면 그다음은 원하는 무엇이든 '구매할 수 있는 것'이 된다. 강간도, 모든 착취적 판타지도, 소녀와의 연애 같은 정서적 착취부터 어느 구멍이든 삽입하는 신체적 착취까지, 어디까지가 성매매인지 경계를 정할 수 없다.

성매매 피해 여성 지원 활동을 시작한 이후 끊임없는 질문을 받았다. 유흥주점에서 옷을 벗기는 신고식도 성매매인가? 노래방 도우미나 전립선마사지 같은 것들은 성매매인가? 유흥접객원의 일은 어디까지가 '일'이 될 수 있는지, 마사지를 어디까지 해도 되는지는 누가 정하는가? 왜 여성들의 일은 그토록 쉽게 성적 착취와 결합되는 상품이 되는가? 1990년대까지 '직업여성'이란 곧 성매매 여성을 뜻했다. 골프장의 캐디, 식당의 여성 종업원들을 아가씨라 통칭하며 남자들은 그들의 엉덩이를 두드리고 손목을 잡았다. 남성을 접객하는 수많은 여성은 고객인 남성들이 마음만 먹으면, 돈만 주면 언제든 눕힐 수 있는 존재였다.

성매매를 법으로 승인하는 것의 궁극적 함정은 여기에 있다. 합법적 성매매 시장에서 성매매는 더욱 잘 닦인 사업으로 관리되고 이곳에서 여성들은 구매자가 원하는 모든 것을 팔게끔 설치된다. 모든 여성의 서비스가 공식적으로 성매매가 되는 것이다. 법이 그렇지 않더라도 마찬가지다. 법 제도와 상관없이 성매매가 공공연한 사회에서 이런 현상은 이미 얼마든지 목격된다. 대표적인 나라가 일본과 한국이다. 이곳에서는 여성에 대한 차별이 남성의 욕구와 여성 대상화를 과도하게 승인하고 성매매를 사회의 일부로 인정하며 이 토대에서 자본과 결합된 시장이 성매매를 공식화한다. 한편 독일이나 네덜란드 같은 나라들은 여성 인권과 성 평등에 나름의 자부심을 가진 사회 환경에서 합법화와 비범죄주의를 제도화했으나 결과적으로 오만했음이 밝혀졌다. 성매매를 '된다'고 말한 순간 이 나라들에서 모든 서비스가 성매매와 결합되었다. 행복한 창녀라는 이미지는 구매자의 죄의식을 없애주었고, 성공한 포주 사업가는 남성들에게 '소유물로서 여성'의 존재를 각인시켰다. 돈이 없어 구매자가 되지 못하는 남성이라면 포주가 됨으로써 여성을 소유하고 돈도 벌 수 있다고 사회가 가르쳐주는 것이다.

성도덕적 낙인과 성차별이 결합한 한국과 일본은 가장 비참한 성매매 현장을 만들어온 곳이다. 국가가 부유해질수록 국민들은 죄의식과 결합한 거대한 성매매 시장의 노예가 되었다. 권력이 조직적으로 국민을 성매매에 가담시켰고 이는 또한 그대로 국민 통제 수단이 되었다.[1] 한국 사회의 성매매 현장에서 내가 맞닥뜨려온 것은 성매매로 해석되는 서비스의 무한한 확장이었다. 이루 세세히 말할 수도 없는 행위들이 서비스 명목으로 제공된다. '홀(whole)서비스'가 기본인 미아리 성매매 집결지에 손님들이 오면 일단 룸에서 술과 기본 오럴 서비스를 모든 고객에게 돌아가며 해주고서야 삽입섹스를 위한 방으로 이동한다. 일본에 가면 이러한 성매매의 더욱 노골적인 확장판을 볼 수 있다. 일본 성 산업 시장의 내부 취재로 2006년 발간된 조안 싱클레어의 사진집 『핑크박스(PINKBOX)』에는 상상을 뛰어넘게 다양한 성 산업의 종류가 진열된다. 수족관 안에서 나체로 헤엄치며 고객을 즐겁게 하는 '아쿠아 걸'부터 그 몸으로 음식상이 되어주는 '스시녀'까지, 더구나 이 모든 업소가 합법이다. "돈만 지불하면 그건 더 이상 추행이 아니야"라는 36살 구매자의 대사가 이 책에 등장하는 성 착취가 서비스가 되는 현실을 설명해준다.

『난민고교생』이라는 책이 있다. 저자 니토 유메노는 자신의 경험을 책으로 발간하며 10대에 집을 나온 여성들을 '난민'이라 표현했다. 단순히 집을 나온 것이 아니라 여러 폭력과 착취에서 벗어나기 위해 거리로 내몰린 10대 여성들이다. 그렇게 집을 나온 이들을 기다리는 건 성인 남성과 알선업자들이 내미는 성 착취의 손길뿐이었다. 저자는 도쿄에서 가정폭력이나 빈곤 등 다양한 이유로 가출한 10대 여성을 위한 상담 쉼터 '콜라보'를 운영하고 있다. 2019년 이곳을 방문했을 때 이들이 안내해준 도쿄의 거리는 온통 '풍속업소'라 불리는 성매매 업소들이었다. 일본은 여전히 10대 여성들 착취가 큰 사회적 문제다. 'JK비즈니스'라는 명칭의 'JK'는 조시코세(여고생)의 약어다. 'JK산보(散步)' 'JK리프레(Refresh의 일본식 발음)' 등 수많은 서비스 상품이 존재한다. 급기야 2016년 국제연합(UN)이 여고생을 접대에 동원하는 JK비즈니스를 금지하라는 권고를 내리기도 했다. 당시 JK 업소는 도쿄에만 200여 곳이 있고 1년에 5000여 명의 소녀가 JK비즈니스에 몸담은 것으로 추산되었다. 이런 업소의 문제를 다룬 일본 매체의 기사에 대해서는 '오히려 10대 여성들은 돈을 목적으로 이런 행위를 하는 데 저항감이 없다'는 반응이 돌아오며, 업소의 행태를 소개하는 기사는 이를 자세히 묘사하며 그들의 몸을 성적 대상화하는 일러스트 이미지로 채워진다.

니토와 콜라보의 동료들과 함께 간 도쿄의 가부키초 거리에는 너무나 많은 성매매 업소 사이로 가게 선택을 돕는 무료 안내소들이 곳곳에 있었다. 이 무료 안내소는 '남성의 향락'이라 쓰인 간판을 달고 있으며 여성은 입장할 수 없었다. 그들이 갖춘 업소 설명 안내판에는 다양한 업소가 제공하는 다양한 서비스가 메뉴판처럼 정리되어 있다. UN의 권고 이후 일본 여러 지역에서 JK비즈니스를 전면 규제했음에도 10대 여성을 업소로 유인하는 스카우터들이 곳곳에 서 있고, '많은 돈을 벌 수 있다'는 거대한 구인 광고판이 도로변을 채웠다. 이른 오전부터 영업을 하는 '걸스바(GIRLS BAR)'들이 보였고, 여대생 접객을 내건 업소들 외벽에는 매월 곧 일을 그만두는 접객원 명단이 '졸업생'이라 게시되어 있다. 여전히 명성이 높은 목욕탕 성매매 업소 '소프랜드' 입구에는 현재 대기 중인 여성의 수가 쓰여 있다. 그 모든 명확한 보고가 너무나 당당한 일본 성 산업의 현재를 보여준다.

일본이 성인비디오(AV) 강국인 것은 어제오늘의 이야기가 아니다. 몇 년 전 한국 대통령 탄핵 정국에서 일본 AV를 모티프로 탄핵 프로파간다를 만든 것이 문제시되었다. 「술래잡기」라는 제목으로 알려진 AV의 포스터는 달리는 1명의 여성 뒤로 100여 명의 남성이 뒤쫓는 사진이다. 집단강간을 연상시키는 잔인한 장면을 남성들이 아무런 저항감 없이 정치 메시지로 재탄생시킨 것이다. 모티프가 된 AV의 장면은 연출된 것이 아니라 실제 상황이다. 일반 남성 100인에게 참가 신청을 받아 AV 여배우를 쫓게 한 뒤 촬영했다. 여성의 보호자를 자처하는 남성들 앞에서 그 여성을 잡은 남성들은 망설임이 없이 자신들의 욕구를 채운다. 그들 모두가 공모자다. 일본 AV는 합법화된 'n번방'이다.

성 착취 동영상을 만들고 판매한 n번방 성범죄가 세상에 알려진 후 그 가학성과 거대한 소비 규모에 사람들은 경악했다. 실제로 극도의 가학적 성폭력 영상이 오랫동안 AV라는 이름으로 소비되었고 이것을 버젓이 소비해온 이들이 n번방을 만들고 그곳에 입장했다. 일본 AV 역시 촬영물이 실제 강제된 성폭력 상황이었음이 드러나도 문 닫은 제작사를 인수한 또 다른 업체에 의해 그 영상들은 유통된다. 산업은 '성공'했다는 극히 일부의 AV 여배우를 간판에 내세워 무수한 여성을 수단, 방법 가리지 않은 계약에 묶는다. 당사자들이 만든 AV 피해자를 위한 단체 '팝스(PAPS)'는 힘겨운 싸움을 하고 있다.

n번방의 현실을 알리는 일이 누군가에게는 '어떻게 인간에게 그럴 수가 있는가' 하는 분노를 유발하지만, 이런 소비나 현실에 익숙한 또 다른 이들에게는 그조차 쾌락의 코드가 된다. 여성들을 노예라 부르며 10대 여성들까지 닥치는 대로 성 착취해 공유하고 성폭력을 자행한 n번방 수십만의 참여자들은 그러한 행위를 '조금 과한 성적 놀이' 정도로 인식했다. 일본의 한 개그맨은 '코로나19로 사정이 어려워진 어리고 예쁜 애들이 유흥

가로 돈을 벌러 많이 나올 테니 참고 기다리자'고 했다. 코로나19에 지친 이들에게 건네는 격려의 말이었다. 이 인식 수준이 바로 모든 것을 성매매화한 사회의 증거다.

성매매에
잡아먹힌 사람들

유명한 방석집 집결지가 있다. 그곳에서 막 빠져나온 여성과 함께 경찰 조사에 동행했다. 지방경찰청의 여성 청소년계 담당 경찰은 30대 초반의 남성이었다. 업주를 불러서 대질 조사를 받는 자리, 선불금 포함 빚이 1억에 가까운 여성의 상황에 대해 질문하고 있었다. 업소가 정해놓은 납득하기 힘든 비용 계산 규칙들을 확인하던 중 경찰이 업주에게 물었다. "왜 홀복값을 여성이 부담해야 하죠? 경찰복은 내 돈으로 사지 않는데." '민중의 지팡이'라는 표현을 그대로 체화한 것 같은 경찰들을 만날 때가 있다. 그들이 정말 고맙다.

그 방석집 업소들은 10만 원에 기본 2시간 술과 안주, 테이블쇼와 성매매가 제공되는 곳이었다. 이들 업소를 대상으로 사건이 있을 때마다 그 지역 경찰의 태도는 늘 문제적이었다. 그들은 세상이 다 알게 대놓고 성매매 영업을 해온 업소들에 대해 모르쇠로 일관

했다. 여성들에게 모든 증거를 낱낱이 요구했고, 업주와 구매자를 기소하기를 미루었다. 지역사회를 주름잡는 실세 조폭들이 운영하는 업소가 많고 지역 경찰이 그런 영업을 눈감아온 지 오래된 이런 업소들이 밀집한 지역은 전국적으로 분포되어 있다. 사건이 일어났을 때 지역 경찰의 태도에 따라 진행과 결과는 너무나도 달라진다. 사건 수사가 잘 진행되고 업주에 대한 처벌이 제대로 이루어지기만 하면 업소들의 폭력적 영업은 급격히 와해되고 여성들의 탈출도 쉬워진다. 알선업주들의 횡포가 심한 곳에는 그들을 비호하는 경찰이 있다. 공권력과의 공생 없이는 이런 업소들이 활개 칠 수 없다.

편견 없이 자신의 직분을 다하는 이들이 있고 그들이 상식적인 대우를 받는다면 지금과 같은 현실은 아닐 것이다. 사회적 부정의가 힘이자 규칙이 되는 세상에서 사람들은 좌절하고 포기한다. 강남의 대형 클럽 '버닝썬' 사건이 문제로 떠오른 계기는 고객으로 갔던 남성이 업소 관리자들에게 폭행을 당해 끌려 나왔고, 신고를 받고 출동한 경찰들이 고객을 보호하지 않았기 때문이었다. 현장의 CCTV는 경찰이 업소 관리자들의 하수인처럼 행동하는 모습을 고스란히 보여주었다. 분개한 이들이 경찰과의 유착 등을 문제시했다. 나는 현장에 출동한 그 경찰들에게 오히려 측은지심이 들었다. 이 같은 사건이 생기면 분노의 표적이 되는 건 늘 그 조직의 말단에 있는 자들이고 그들의 모습이 가

시화된다. 버닝썬이라는 거대 자본에게 지구대의 치안 경찰들은 눈에 보이지도 않는 이들이다. 그들과 유착 관계가 있었다면 경찰 상부의 존재들이었을 것이다. 일선에 출동하는 지구대 경찰의 생사여탈권을 쥔 사람들이다.

'포항괴담'으로 불린 사건을 지원하는 동안 경찰들과 대면하면서 나는 그 지역의 경찰서로 새로 발령받을 사람들을 떠올렸다. 처음부터 비리 경찰이 되려는 이들은 없을 것이다. 첫 발령을 받아 간 경찰서의 전체 부서가 그 지역 유흥업소 업주들과 조직적으로 연결되어 정기적으로 상납을 받고 있다면 그는 어떻게 해야 할까. 경찰공무원이 된 데 자긍심을 갖고 가족이나 친구들의 격려를 받았을 그 신참 경찰관은 상관의 비리를 목격하고 공범이 되기를 강요받을 때에 어떤 선택을 할 수 있을까. 경찰 조직뿐 아니라 알선업자들 모임의 위세가 지역 정치권까지 장악하고 있다면, 호기롭게 내부 고발자가 되어 정의 수호에 나설 수 있을까. 적어도 부패한 이들과 거리를 유지한 채 자신이 맡은 사건만큼은 의지대로 올곧게 수사할 수 있을까.

우리는 안다. 말단 신참 한 명을 조직의 안위를 명목으로 응징하기란 너무도 간단한 일이다. 업무 태만이었다, 사회성이 떨어진다, 사사로운 이익을 편취했다 같은 꼬리표를 달아 불명예를 안기고 지역사회에서조차 매장시킬 수 있다. 그러므로 불의한 개인을 용서하자는 얘기가 아니다. 다만 사회가 그렇게 돌아간다는 걸 알게 된 나는 그리고 우리는 무엇을 해야 할까. 이런 조직적 부패가 시간이 지나면 자기합리화를 넘어 관성과 습성으로 뿌리박히는 현실이라면 말이다.

한국사회 성매매는 그 건재함이 조직과 사회의 안위인 양 조장되고 문제들은 방치된 채로 규모와 위세를 키워왔다. 여성들을 지원할 때마다 그의 업주가 어떤 힘을 가지고 있는지를 늘 들어야 했다. 한 섬에 소재한 티켓다방 업주는 그 섬에 단 하나 있는 경찰서의 서장 친구였고, 한 작은 면에 위치한 휴게텔* 업주는 그 자신이 이장이라 했다. 모 유흥주점의 실 소유주가 정치권 실세 누구의 사촌동생쯤 된다고 했고, 방석집 업주가 라이온스클럽 지구회장이었다.

지역방범대장, 청소년 지도위원 같은 건 업주들이 흔하게 가지고 있는 한 줄 직함이었다. 달마다 제 업소의 여성들을 요양원에 보내 자원봉사를 시켜가며 지역 유지로서 자신의 '선한 영향력'을 행사하는가 하면, 전통문화 계승자 같은 타이틀을 장식한 이도 있었다. 포주로서 쌓은 부와 그를 바탕으로 맺은 관계가 그들의 신분을 증명하고 그들에게 명성을 주었다. 성매매 업소 운영은 그들에게는 자랑거리였다. 돈과 권력을 가진 그들이 성매매를 알선하며 범하는 불법적 일들을 '세탁'해주는 이들은 자연스럽게 생겼다. 돈은 절대적 영향력이며 그들이 질서를 부여했다. 그리고 그 질서 안에서 태어나 살아온 이들은 마치 숨 쉬듯 자연스럽게 그런 현실을 받아들인다.

섬마을의 티켓다방, 그곳에서 어렵게 벗어난 여성들을 지원할 때 가장 나를 숨 막히게 만든 것은 마을 주민들의 태도였다. 대부분의 업주는 그 지역민들에게 경제적 영향력을 지니고 있으며 주민들이 곧 구매자다. 작은 지역사회 안에서 그들은 업주들의 눈과 귀가 되어 여성들을 감시하고 비방한다. 업주의 말이 곧 주민들의 증언이 된다. 『성폭력방지법』이 제정되기 이전 한 마을에서 어른 남성들이 지적장애를 가진 10대 여성을 지속적으로 성폭행하여 임신과 낙태를 시켜온 사건이 있었다. 이때 마을 주민들은 오히려 가해자들을 두둔하며 '어린 게 꼬리를 쳤다' '돈을 받았으니 제가 좋아서 한 거다'라는 등의 말을 쏟아냈다. 화성 연쇄살인 사건 용의자로 지목된 이가 잡혔을 때 그는 이미 가정폭력을 피해 집을 나간 부인을 찾는다며 처제를 살해한 뒤였다. 그런데 이후 기자들과의 인터뷰에서 살인범과 한동네 살던 어른 여성은 '마누라가 집을 나가니 찾으려다 그런 거'라며 그 행동을 정당화하는 발언을 하기도 했다. 10대 성폭행과 살인 사건에서도 이런 공범 의식은 작동한다. 지역사회가 오랫동안 그런 의식을 내면화했기 때문에 관련 감각 자체가 다르게 작동하는 것이다. 지역사회의 용인 아래 먹이사슬의 그물망에 엮이게 되는 지역공동체의 성원들은 성매매에서는 더 당당해진다. 성매매 여성은 명백히 멸시받는 하위층이고, 문제가 되는 건 이 여성들의 '행실'이기 때문이다. 그들은 알선업자의 경제 활동과 성 구매자의 본능을 해소하기 위해 거래되는 부정한 상품일 뿐이다.

우리 사회는 성매매를 통한 지배에 지극히 길들여져 있다. 불법적 이권을 챙겨온 거대한 알선 조직과 연결된 채 삶을 유지하는 이들이 잔뜩 버티고 있는 까닭이다. 성매매를 통해 부와 권력을 얻은 자들이 군림하는 사회는 인간의 몸을 착취해 돈을 버는 일에 모두를 공모자로 만든다. 반복하지만, 한국은 이 좁은 땅덩이로 전 세계 6위의 성매매 국가다. 성매매가 사람들의 일상을 지배하고 있다.

당사자-되기

반성매매운동과 현장 지원 활동을 하다 보면 필연적으로 무수한 당사자와 만나게 된다. 대부분은 상담과 지원을 받은 뒤 자신들의 삶을 찾아가지만, 그들 중에는 반성매매운동의 동지가 되어 함께 현장 지원 활동을 하는 이도 있고 누군가는 사회복지사가 되어 관련 단체에서 만나게 되기도 한다. 정식으로 활동가가 되지는 않지만 성매매 문제에 대해 목소리를 내며 성매매가 본질적으로 왜 폭력인지를 알리고, 노르딕 모델로의 법 개정을 요구하는 이들도 있다. 그 중심이 되는 단체가 '성매매 경험 당사자 네트워크 뭉치(이하 뭉치)'다.

나는 현장에서 만난 여성들의 이야기를 그대로 사람들에게 옮겨 들려주고 싶다는 생각을 할 때가 많다. 그들의 이야기는 왜 성매매가 폭력에 다름 아닌지를 분명히 알게 한다. 그렇게 취급당해도 되는 사람은 없다는 사실을 늘 새기게 만든다. 나를 매번 성찰하게 만드는 이들이고, 내가 듣는 것으로 그쳐서는 안 된다는 결심을 하게 하는 이들이다.

유흥주점과 소개업자를 고소하고 사건을 진행하며 검정고시를 준비했던 K가 있다. 그는 공공의료를 제공하는 종합병원의 간호사가 되었다. 쉼터에서 진학을 준비하고 또래보다 늦은 나이에 학교를 다닌 그 과정의 어려움이야 이루 말할 수 없었을 것이다. 그는 자신의 이야기를 사람들에게 알려, "성매매 여성에 대한, 성매매에 대한 '뻘소리'를 못 하게 만들고 여성들 지원사업 팍팍 좀 밀어주면 좋겠다"고 했다. 성매매를 벗어나 온전히 자신을 책임진다는 것이 사회적 자원이 부족한 이 여성들에게 얼마나 힘든 일인지를 매번 경험하지만, 그들은 매번 놀랄 만큼 많은 일을 찾아내 내게 알려준다. 택배회사 야간 작업, 2교대 공장 생산 라인, 온갖 종류의 판매 서비스직, 요양보호사, 장애 활동 보조인, 요리사와 주방 보조 그리고 성매매 경험 당사자 활동가까지. 세상에서 자신의 자리를 찾아 목소리를 내고 책임지는 관계를 만들어가는 모습들에 나는 경외감을 갖는다. 누적된 시간만큼, 만나온 여성들의 압도적 숫자만큼 나는 그들로 인해 무얼 선택하고 어떤 입장을 가져야 할지를 알게 되었다.

뭉치는 2006년에 만들어진 성매매 경험 당사자 조직으로, 성매매 여성들을 피해자로 규정하고 성 구매자와 성매매 알선업자를 처벌하는 노르딕 모델을 요구하는 활동을 하고 있다. 뭉치는 전국적으로 결성된 자조 모임을 토대로 운영된다. 2011년 최초로 홍보 영상을 만들어 상영회를 하며 자신들을 알린 이후, 인터넷과 각종 매체에 꾸준히 글을 쓰고 대중 강연을 진행하고 있다. 이런 당사자 조직이 생겨난 것이 『성매매방지법』 제정 이후 가장 극적인 변화다. 자신들의 경험을 당당하게 밝히며 성매매가 왜 문제적인지 알리는 이들의 존재는 법이 가져다 준 커다란 가시적 성과다. 이들로 인해 우리 사회는 성매매의 실체에 대해 훨씬 생산성 있는 논의를 해나갈 수 있을 것이다.

물론 모든 당사자가 한목소리는 아니며 몇 명의 당사자 활동가가 전체를 대변할 수는 없다. 「표준국어대사전」에 의하면 '당사자'란 "어떤 일이나 사건에 직접 관계가 있거나 관계한 사람"을 말한다. '당사자운동'이라는 용어는 장애인운동, 여성운동, 동성애 인권운동 등 소수자나 하위주체와 관련된 운동을 조직하는데 주요하게 쓰이고 있다. 그렇지만 당사자라는 용어가 지칭하는 대상이 각 운동에 따라 다르고, 운동 주체들이 가진 성격과 어려움도 제각기 다르기 때문에 당사자운동을 획일적으로 규정할 수는 없다. 반성매매운동 안에서의 당사자라 함은 성매매 경험 당사자를 지칭한다. 당사자운동은 무조건 당사자의 주장이 옳다는 의미가 아니다. 특히 그 주장이 특정 집단의 특정 이익만을 위할 때는 당사자주의가 관철되지 않는다. 당사자주의는 참여와 균등한 기회의 보장을 위한 제반 조건의 형성 과정에서 당사자들의 주동적인 위치가 보장되는 가운데 의견들이 자유롭고 평등하게 참여되는 것을 말한다. 경험이 배제되는 운동이란 것이 존재할 수 있을까. 여성주의자들의 반성매매운동에서는 성매매 경험 당사자의 주체적 인식이 가장 중요하다. 당사자가 무조건 옳기 때문이 아니라 당사자 목소리에서 성매매가 무엇인가를 읽을 수 있기 때문이고, 당사자의 목소리를 배제한 운동은 공허한 자기 위안에 그칠 수 밖에 없기 때문이다.

성매매에 관해 다양한 결을 가진 페미니스트들의 주장은 결과론적 선택이 다르다 해도 그 출발점은 성매매 여성 당사자주의에 기초한다. 하지만 이것이 사회 전체의 논의로 가면 가치중립적 허울을 썼으나 실질적으로 여성은 빠진 논의, 남성 중심적이고 무지한 이야기로 변질되곤 했다. 여성주의 진영과 일부 겹치는 주장들은 수시로 보수주의적 시각에 의해 오염되었고, 그러면 그와 다름을 거듭 입증하는 소모적 논쟁을 겪으며 논의 자체의 진행이 어렵게 되기 일쑤였다.

다른 한편으로 자신들의 입장을 숨긴 채 그저 '당사자의 목소리를 들어라'라고 외치는 모습들도 목격하게 된다. 『불편해도 괜찮아』의 저자 김두식은 2012년

한 일간지 연재 지면에서 성 노동자를 인터뷰했다. 당사자의 목소리가 갖는 힘을 절감했다면서 그는 제호를 "당신이 굳게 믿는 그것이 진리일까"라고 달았다. 인터뷰 속 당사자의 대사를 가져온 것이다. 전문 인터뷰어로 많은 저서를 발간한 지승호는 2015년 『성 노동자, 권리를 외치다』라는 당사자 인터뷰집을 냈다. 나는 그들의 글에서 그들 자신의 도덕적 우월을 과시하는 것 외에 어떤 성찰이나 다른 가치를 느끼지 못했다. 이들은 공통적으로 자신들의 입장은 미루어두고 특정 입장을 가진 당사자의 목소리를 내세운다. 그들은 성매매 경험 당사자들을 만나 그들의 목소리를 들어주는 것으로 나는 '이런' 사람도 존중한다는 것을 전시한다. 진보를 자처하는 남성 지식인들의 이런 자세는 게으르거나 또는 자신들의 입장은 유보한 채 당사자를 내세워 책임을 회피하는 비겁한 짓이다. 그들은 '성 노동'을 주장하는 당사자의 당사자성에 열광하며 성 노동론에 힘을 싣지만 정작 그 당사자들의 인터뷰에도 등장하는 성매매의 폭력적 본질에 대해서는 입을 다문다. 성 구매자의 문제, 알선업자와 내통하는 권력에 대해서는 말하지 않으며 그저 성매매가 자신에게 필요하다 말하는 여성의 말을 취해 '당사자들이 원하니까'로 이야기를 가져간다.

그러한 남성들의 얄팍한 당사자 존중에서 빠져 있는 건 성인 남성 절반이라는 성 구매율과 세계 6위 성매매 규모를 만들고 유지시키는 이 사회 안에 위치한 자신들의 당사자성이다. 한국사회 지식인 남성은 성매매 문제에서 자유로울 수 없다. 그들이 아무것도 하지 않는 것은 현 상태에 대한 적극 동의라 봐도 좋다. 본인의 당사자 입장을 망각하고 불쑥 '성매매 여성 본인이 원한다면……'이라 말하는 것은 성매매와 사회적 폭력들에서 한 발을 뺀 채 당사자를 이용하는 행위다.

당사자의 목소리를 듣는 여성주의자들 또한 이미 어떤 입장을 가질 수밖에 없다. 물론 당사자주의에 기반한 여성운동의 입장들이 서로 다른 것만큼이나 당사자들의 목소리도 다양하다. 다양한 목소리를 어떻게 담아낼지 그리고 여성운동 내 입장 차이들이 당사자주의와 여성주의 가치와 어떻게 만나고 함께할 것인지는 실천의 과정에 늘 함께해야 할 고민이다. 성매매 문제에 대한 자신의 책임을 내려놓지 않으면서 당사자들의 목소리와 함께하는 시간들이 쌓여갈 때에 그 주장에 부분적이나마 '힘'이 담길 수 있는 것이라 생각한다.

정치적 의미의 성매매는 아동 학대, 인신매매, 폭력, 갈취, 격리라는 실체적 조건과 씨줄 날줄로 엮인 현장이다. 한편 현실로서의 성매매는 삶이다. 그것은 지금 이 자리에서만 구성되는 것이 아니라 과거, 현재, 미래가 상호작용하는 역동적 시공간에 있다. 성매매 여성도 그러하다. 현재를 살지만 생애적인 시간은 직선적이지 않다. 당사자라 해도 자신의 경험을 토대로 현실을 바라보고 이야기하게 된다. 그러한 조각들을 총체적 그림으로 만들어낼 수 있는 것은 '당사자-되기'가 갖는 힘을 선택할 때다. 당사자-되기란 존재성에 대한 의미를 찾고 그것의 구성적·역사적 의미를 되새기고 행위성이 끼치는 영향을 인식하는 것이다. 여기서 '되기'란 권력을 갖고 무의식적으로 소외와 배제, 차별을 일삼는 집단이 아닌, 소수자 되기를 지향하며 다수-권력-집단을 변화시키려는 이들이 취하는 것이다. 경험 당사자의 당사자-되기 선택은 엄청난 힘을 갖는다. 당사자-되기란 지극히 정치적이고 실천적인 장으로 들어서는 것을 의미한다. 경험 당사자가 갖는 제한적이고 상황적인 조각은 총체적 본질을 들여다보는 퍼즐이 된다.

그 판결이 남긴 것

2016년 3월 31일 『한겨레』에 '자발적 성매매' 여성 처벌 기사가 실렸다. '성매매 여성'이 낸 최초의 헌법소원에서 헌법재판소는 성매매 여성 처벌 조항에 합헌 판결을 내리며 "성도덕이 성 자기결정권에 우선"이라 판단했다. 이날 언론은 다양한 카피를 통해 성매매에 관한 그들의 특별한 시각들을 은밀히 또는 노골적으로 보여주었다. 그 가운데 한국 사회가 성매매를 문제시하는 지점들이 그대로 드러났다.

당시 여러 기사에서 언급되었듯, 판결 내용에 관심이 모인 것은 그렇다면 성매매 여성의 인권을 어떻게 다루어야 하는가의 논의 때문이었다. 성 구매자와 알선업자에 대한 강력한 처벌이 전제되어야 한다는 합의는 2004년 『성매매방지법』으로 일대 전환을 이루었다. 이전까지는 여성의 처벌이 당연시되고 사회적 낙인이 가차 없음에도 성 구매자와 알선업자의 행위는 각각 본능이고 사업이라 받아들여져 처벌조차 미미했다. 그러나 2004년 법 개정으로 여성의 성도덕을 문제시하던 전근대적 시각에서 성 매수자와 알선업자의 인권 침해 및 부당한 불법 수익으로 문제의 초점이 이동했다. 여기에 더해 불법 성매매 시장 규모를 기형적으로 키워온 국가의 책임까지 물을 수 있게 되었다는 점도 진전이다. 그리고 2016년, 성매매 여성에 대한 처벌은 정당한가를 논의하는 지점에 이른 것이다.

당시 합헌 결정 요지에 따르면 '성도덕'은 '성적 자기결정권'에 우선한다. 하지만 "외관상 강요되지 않은 자발적인 성매매 행위도 인간의 성을 상품화함으로써 성매매 여성의 인격적 자율성을 침해할 수 있으며, 성매매 산업이 번창할수록 자금과 노동력의 정상적인 흐름을 왜곡하여 산업 구조를 기형화시킨다"고 하여 성매매 여성을 구조적 피해자로 보고 있다. 이에 대해 형용 모순이라고 지적하는 의견이 있다. 성매매 산업을 조장하고 방치해온 국가가 여성들을 처벌하는 것이 염치없는 일이라는 지적도 있다. 하지만 합헌 의견이 성도덕을 말하면서도 성매매 여성을 처벌하는 것에 부담을 느끼고 있다는 것은 작지만 큰 진전이다.

한편 한정 위헌 의견(2명)은 성매매가 “본질적으로 남성의 성적 지배와 여성의 성적 종속을 정당화하는 수단이자 성 판매자의 인격과 존엄을 침해하는 행위이므로, 여성 성 판매자는 기본적으로 형사 처벌의 대상이 아니”라고 판단했다. 이들은 성도덕 확립이라는 공익은 추상적이고 막연한 것이지만 성 판매자들이 받게 되는 기본권 침해의 정도는 중대하고 절박하다고 보았다. 성매매를 본질적으로 인권 침해 범죄로 규정한다면 당연히 그 피해자는 성매매 여성이다. 그러므로 피해자를 처벌하는 근거가 자발이냐 아니냐가 될 수 없음은 당연한 이치인 것이다.

전부 위헌 의견(1명)은 성매매 알선업자와 성 구매자의 처벌도 문제 삼는 의견으로, 가장 소수 의견이었지만 관련 현장에서 내가 체감해온바 힘 있는 다수의 의견이기도 했다. “성인 간의 자발적 성매매는 개인의 내밀한 사생활”이고 국가가 개입해 이를 형벌의 대상으로 삼아서는 안 된다는 요지였다. 성 산업 자체를 억제하거나 일정 구역 안에서만 성매매를 허용하는 등 덜 제약적인 방법이 가능하다고 제시하며, 성 매수자만 처벌하는 것은 처벌의 불균형성과 성적 이중 잣대를 강화한다고 주장했다. 성적으로 소외되는 이들인 지체장애인, 홀로된 노인, 독거 남성 등의 성적 욕구를 충족시킬 수 없다는 고전적인 설명도 덧붙여졌다. 성

욕구를 남성의 어쩔 수 없는 전유물로 환원하는 논리는 물론이고 빈곤 계층 남성들의 섹스할 권리가 성매매 안에 있다는 주장도 수차례 반복된 낡고 오랜 생각이다.

무엇보다 성매매가 사생활의 영역이며 성인 간 자발적 거래라는 주장에는 성매매로 넘쳐나는 현 시대를 너무도 순순히 믿는 성 구매자의 가장된 무지가 엿보인다. 마치 자발적 성매매 여성과 강요된 성매매 여성을 자신들이 잘 구별할 수 있고 우리 사회에 더 이상 강요된 성 판매는 없으리라는 듯 태평스러운 확신이다. 한국 성매매 역사에서 이런 주장들은 매순간 등장했다. 일제가 이식한 공창제를 없애자는 주장이 비등할 때도 언론은 '아무런 생활 수단도 배운 것도 없는 성매매 여성들을 어떻게 할 것이며, 성적으로 소외된 남성 계층의 성적 욕구는 어찌할 것이냐'고 걱정했다. 독립 후 빈곤 속에서 여성들이 성매매로 유입되는 '강요된 자발'의 구조가 확연히 드러났음에도 그러한 주장은 한결같았다. 더러 발생하는 문제들은 제도적으로 관리하고 지원하여 해결할 수 있다는 주장도 함께, 영향력을 가진 지식인 남성들의 당당한 목소리로 수십 년간 반복되었다. 그러나 이것이 실질적 노력으로 이어졌던 적은 없다. 단지 언제나 성매매는 힘 있는 남성들이 즐기고 누려야 마땅한 멋진 세상이었을 뿐이다.

성매매 여성의 '자발성'을 이유로 성매매 시장을 자유롭게 놓아두자는 주장, 그로써 성매매 여성의 권리가 보장되고 착취가 사라지리라는 망상을 말하지 말자. 그러한 시장은 없다. 2년 전 인신매매되어 성 판매자가 된 여성이 다른 대안이 없어 성매매를 하기로 결심했다면 그 여성의 행위는 자발인가 강요인가. 돈을 벌기 위한 '일'은 모두 착취와 노동의 경계를 오간다. 그를 구분하기는 그리 쉽지 않다. 그래서 우리는 수많은 노동법을 만들어놓고도 늘 불안정과 착취에 시달리는 것이다. 그런데 근본적 성격부터가 착취적인 성매매라면 더 말할 것도 없다. 성매매가 인간의 권리, 즉 인권과 관련된 것이라면 우리는 이 문제를 그렇게 쉽게 경제적 이슈로 환원해서는 안 된다.

2016년 헌재의 판결 당시 그래도 희망을 보았던 것은 성매매 문제를 인권의 영역에서 읽으려는 시각이 압도적이었기 때문이다. 성매매는 현실이며 사회문제이지 사생활이 아니다. 수많은 상식을 무화하고 여성의 인권을 침해하는 이 시장은 동시대의 모두에게 선택과 실천이라는 책임을 지우는 바로 그 영역에 있다. 성매매를 인권의 문제로 읽게 되었다면 이제 우리의 현실적 선택은 성매매 여성을 비범죄화하고 구매 수요만을 처벌하는 노르딕 모델로 가야만 한다.

변화는 이루어져왔다

2000년 군산 화재 참사 이후 진보적 성향의 여성운동 단체들이 반성매매운동에 대거 참여하게 되었고 이어 2004년 『성매매방지법』이 제정되었다. 이후 성매매 피해 여성 지원 시설이라는 제도화된 영역에서 그간의 성매매 여성 지원 활동을 이어가게 된 단체들이 2004년 '성매매 문제 해결을 위한 전국연대'를 만들었다. 『윤락행위등방지법』 시절에도 성매매 여성의 지원 시설은 있었다. 그러나 당시 성매매 여성에 대한 인식 가운데 무엇보다 강력했던 성도덕 패러다임 안에서 가능한 지원은 제한적일 수밖에 없었다. '윤락'이라는 성도덕적 언어를 폐기하고 여성 인권 침해로서 성매매라는 개념의 전환은 지원의 성격을 '제한'에서 '자활'로 바꾸어간 과정이라고도 할 수 있을 것이다.

『성매매방지법』 제정 즈음의 현장은 성매매 업장으로부터 여성을 긴급 구조하는 데 초점이 맞추어져 있었다. 일단 빠져나오기만 하면 그것이 자활의 전부였다. 거대한 빚과 폭력으로부터 물리적으로 떠나는 것 자체가 너무나 위험스러운 일이었고 그를 해내는 데는 성매매 여성 개인으로서도 엄청난 용기와 결단을 필요로 했기 때문이다. 이후 긴급 구조에 맞추어졌던 지원에 이어 임시적인 피난처 기능을 하는 쉼터를 운영하게 되었고 구조 후 법적 해결 절차를 밟는 동안 생활을 지원하는 시스템이 또다시 보태어졌다. 긴급 구조 이후 적어도 임시 피난처를 제공할 수 있어야 자활이 이루어질 수 있다는 인식 아래 지원 영역을 확장한 것이다. 그리고 쉼터가 안정기에 들어서면서 다양한 방식의 심리 치유와 직업훈련 활동 등등이 가능하게 되었다. 이렇게 해서 자활이 그저 성매매에서 벗어나는 것이 아닌, 지난한 치유와 교육을 통해 탈성매매 이후의 삶을 가능케 하는 과정이 되었다.

상담소, 쉼터, 그룹홈, 자활지원센터로 지원 시스템 운영을 확대하면서 성매매 여성들에 대한 통합적인 자활 지원 체계가 마련되었다. 이런 지원의 제도화는 성매매 여성의 인권을 위한 공적 자원이 되었고 성매매를 여성 대상 차별과 폭력으로서 이야기할 수 있는 공간이 되었다. 법과 제도가 있다는 것은 다양한 반성매매 활동과 성매매 여성 인권 보호를 위한 절차적 근거로서 사회적 안전망이 작동할 수 있게 된 것이라 할 수 있다.

이 같은 지속적 변화를 통해 단체와 기관들이 현실성 있는 성매매 방지책을 논의하고 각 지역에서 물리적 활동력을 확대할 수 있었다. 성매매 현장 가까이에서 당사자 여성들과 여러 방식으로 소통하고 연대하며 다양한 활동 내용이 구성되었고, 여성주의 상담과 탈시설에 대한 고민, 현장 방문 상담을 통한 관계 맺기가 가능해졌다. 법적 지원을 통해 성 산업의 착취 구조를 드러내고 여성들이 법적 권리를 찾을 수 있도록 교육하며, 폭력 피해를 입은 여성들의 공동체로서의 쉼터 운영에 대한 고민이 이어지고 있다. 그리고 무엇보다 가장 주요한 성과는 성매매 경험 여성의 당사자운동 조직을 만든 것이다.

사회는 여전히 성매매 구조에는 눈 감은 채 그곳에서 벗어나지 못하는 여성들 개인을 손가락질한다. 하지만 앞서 설명했듯 성매매 시장은 벗어나기 극히 어려운 구조이며 그 안에 있는 동안 사회적 자원을 크게 잃기 때문에 탈성매매 후로도 사회 적응에 어려움을 겪기 쉽다. 반성매매를 이야기할 때, 이들을 어떤 직업으로 전환시킬 것인가를 생각하지 말고 이 여성들의 노동력을 착취하는 성매매 구조를 시장 경제 안에서 어떻게 전환시킬 것인가를 고민해야 한다. '다방'이라는 서비스업에 여성들이 종사해야 한다면, '유흥주점'이라는 서비스업에 여성들이 종사해야 한다면, 여기서 성착취를 배제하고 이들 업종에서 여성들의 노동권을 어떻게 보장할 것인지를 궁리하는 것이 더 빠른 길일지도 모른다. 법적으로 이미 고용된 이들을 모두 '탈출시킬' 필요는 없다. 상대적으로 취약한 상황에 있는 여성들의 서비스를 성매매로 호도하는 계급 및 젠더 폭력에 선대응하는 것이 탈성매매의 관건이다.

더 나은 길 위에 서기

앞서 성매매 여성의 인권을 위해 성매매를 합법화했던 독일과 완전히 다른 길을 갔던 스웨덴의 법은 '노르딕 모델'로 불리며 좋은 대안이 되고 있다. 성매매 여성의 취약한 지위를 인식하고 인권 보호를 우선하며 성 구매자 처벌에 대해 지속적으로 논의했던 스웨덴 국회는 1998년 성 구매 행위를 금지하고 구매자를 처벌하는 법률을 통과시켰다. 스웨덴은 성매매를 도덕의 문제가 아닌 여성 대상 폭력이라는 인권 문제라 판단했고, 여성 폭력 관련 법률 중 하나로서 『성구매금지법』이 제정되었다.

스웨덴 법무부는 『성구매금지법』 시행 이후 10년인 2008년 특별조사팀을 구성하여 성매매 정책 전환에 의한 사회적 효과와 영향들을 평가하고 2010년 관련 보고서를 발간했다. 이에 따르면, 『성구매금지법』 시행 이후 성매매로 인한 착취가 감소한 것으로 나타났으며 성매매 급증 추세가 반감되었다. 2014년 18세 이상 65세 미만 성인 대상으로 실시된 설문조사에 따르면 스웨덴 남성 중 약 7.5퍼센트가 성적 서비스를 받은 적이 있다고 응답했다. 『성구매금지법』에 대한 지지율은 72퍼센트였으며 성별에 따라서는 여성의 85퍼센트, 남성의 60퍼센트가 이 법을 지지했다. 또한 스웨덴 주요 도시(스톡홀름, 말뫼, 예테보리)의 길거리 성매매 여성은 1995년 650여 명에서 2014년 200~250여 명으로 감소한 것으로 나타나 법의 실효성을 확인할 수 있다.[2]

스웨덴의 노르딕 모델이 보여준 긍정적 성과로 인해 유럽의회는 2014년 2월 26일 "성 착취와 성매매가 성 평등에 미치는 영향에 관한 결의안"을 채택했다. 해당 결의안은 성매매가 그것이 강요에 의하였든 자발에 의하였든 관계없이 인간의 존엄성과 인권을 침해하는 일임을 강조하며, 유럽의회 소속 국가들이 탈성매매를 원하는 여성들에게 대안적인 소득 창출 방식과 탈성매매 전략을 마련할 것을 권고하고 있다. 노르딕 모델의 효과에 기초하여 성 구매 행위를 완전 범죄화할 것 또한 적극적으로 요청하고 있다. 스웨덴 이후 많은 국가가 노르딕 모델을 채택했다. 2009년 노르웨이, 2009년 아이슬란드, 2014년 캐나다, 2016년 프랑스, 2017년 아일랜드 등이 기존 비범죄주의에서 노르딕 모델에 따른 성 구매 금지주의 정책으로 변경했다.

문자적 해석으로 혹은 그저 도덕적·정치적으로 올바르다는 판단만으로 노르딕 모델을 주장하는 것이 아니다. 이미 시행 이후 20여 년간이 보여준 현실이, 그 법이 어떻게 작동하고 현장을 어떻게 바꾸는지를 증명하고 있기에 그 길을 가야 한다고 말한다. 한국의 현행 『성매매방지법』은 성매매 여성을 자발과 비자발로 구별하고, 여성들에게 피해를 입증하도록 한다. 여성들은 자신들이 받을 처벌을 각오하고 업주와 구매자들을 고소해야 한다. 성매매 자체가 성 착취라면 그 안에서 여성들은 피해자다. 하물며 여성들의 증언이 없으면 알선업자와 구매자를 단속하고 처벌하는 것도 어려울 수밖에 없다. 한국의 불법 성매매 규모를 생각할 때 이를 극적으로 줄이고자 한다면 여성들의 증언은 반드시 필요하다. 성매매에 대한 완벽한 대책이란 있을 수 없을지도 모른다. 하지만 우리는 성매매의 본질을 바로 알고 이것이 사회 공동체나 개인의 삶에 어떤 영향을 끼치는지, 실체적 현실을 바탕으로 판단하고 입장을 가져야 한다. 그리고 사회 정의에 부합하면서도 공동체와 개인의 삶을 낫게 하는 정책과 실천을 만들어나가야 한다.

언제 어디서나 성매매가 가능하고 성 착취 범죄가 끊이지 않는 것이 우리의 현주소다. 이 현실을 바꾸고 성매매 관련 모든 부패와 비리를 종식시키고자 한다면, 더 나은 사회를 위한 길 위에 서야 한다.

2019년, “언니 사진이 인터넷에 올라왔어”

50대에서 70대까지의 여성들이 성매매를 하는 여인숙 집결지가 있다. 2019년, 이곳에서 촬영된 여성의 모습이 인터넷에서 확인되었다. 내가 이곳 여성들과 인연을 맺게 된 것은 2009년으로, 이 지역의 여성 7명이 그들을 착취하는 사채업자로부터 벗어나고 싶다고 연락을 해왔고 나는 그 사건을 지원하며 그들의 이야기를 듣게 되었다.[3] 10대 때부터 성매매에 유입되어 삶의 굴곡을 거치며 이곳으로 오게 된 이도 있고 사업에 실패해 빚을 떠안은 뒤 가족들에게 피해를 주지 않고 생계를 해결하기 위해 40대가 훌쩍 넘어서 이곳으로 온 이도 있었다. 당시에는 100여 명에 이르는 여성이 있었지만 이제는 30여 명가량이 남아 있다. 이들의 1회당 평균 성매매 비용은 자기 방이 있는 경우 2만~3만 원, 매번 방을 빌리는 경우 1만 원에서 1만5000원을 받는다. 방세는 하루에 2만5000~3만 원 꼴로 월세로 계산하고 매번 방을 빌리는 여성은 손님 한 명을 받을 때마다 3000원의 방세를 내는데 이것도 이들에겐 무척 부담이 된다. 그들은 늘 “이 일은 끝이 안 좋아”라고 말했다.

이곳 여성들은 구매자를 ‘영감’이라 호칭한다. 나이가 많은 구매자의 발기와 사정을 위해 기구를 사용하거나 오럴 서비스를 해야 하는데 이것이 무척 힘이 든다고 했다. 함께 이런저런 얘기를 나누던 중 N은 ‘여기서 오래 일한 여성의 목을 가르니 거기 털이 가득 차 있었다'며 실제인지 아닌지 모를 이야기를 했다. 아마도 그들이 이곳에서 일하며 축적해온 어떤 느낌이 그 말 속에 있었을 것이다. 이들에게 '영감님'의 성매매는 외로움을 위로하거나 따뜻함을 나누는 일이 아니다. '남성성'을 입증하기 힘든 영감들의 발기와 사정을 되게 만들어주고 그에 대한 대가를 받는 일이다. 만약 영감들을 만족시키지 못하면 그들은 그 여성에 대한 소문을 내고 그렇게 '찍힌' 여성은 손님이 끊어진다. 영감들은 자신이 낸 돈에 정확한 보상이 주어지기를 기대하고 이곳에 온다.

2019년, 한 구매자가 사진을 찍어 인터넷에 올렸다. '언니가 찍힌 거 같아'라며 알려준 여성은 본인도 당하지 않았을까를 걱정스러워했다. 사진이 찍힌 O는 그 구매자가 단골이라 사진을 찍는다는 것을 거절할 수가 없었다고 했다. O는 고소를 하지도 삭제 지원을 받고자 하지도 않았다. 그런 대응이 오히려 자신을 더 드러나게 할까 봐 두려워했다. 그저 시간이 지나 잊히기를 바란다고 했다.

몇 년 전 일본 성매매 업소에서 구매자가 불법 촬영한 영상을 인터넷에서 발견했던 다른 여성도 도움을 받아 해결에 나서기를 주저했었다. 이유는 마찬가지로 자신이 더 드러나게 되는 상황을 염려한 때문이었다. 오래전부터 성매매 여성들은 구매자들이 사진이나 영상을 찍을까를 매번 신경 쓰며 불안 속에 놓여 있었다. 구매자가 눈치채지 못하도록 구매자의 외투나 가방을 정리해주는 척하며 촬영 장치를 숨겨놓지 않았는지 확인한다고 했다.

텔레그램 n번방은 그들에게 낯설지 않은 공포였다. 성매매 현장에서 공공연히 거론되는 구매자들의 욕구 목록에는 그런 영상을 촬영하는 것부터 때로는 촬영된 성 착취

영상을 함께 보는 것까지가 다 포함되어 있다. 여성들이 성매매를 하게 된 '결정'이 단어 그대로 자발적 결정이나 동의를 의미하지 않듯이 이런 요구에 대한 거절도 수용도 그 현장에서는 여성의 뜻대로 이루어지지 않는다.

n번방을 비롯한 디지털성범죄, 사이버성폭력·성착취 형태에도 성매매 공식은 그대로 적용된다. 욕망을 풀기 위한 일종의 놀이로 여겨지며 포주 격인 운영자들이 대가를 받고 자신이 '통제' '관리'하는 여성의 몸을 이용하도록 다수의 성 구매자와 공모한다. n번방 가해자들이 피해자를 지칭한 '나의 노예' 또한 너무도 전형적인 포주의 언어다. 그 대상이 청소년이 아니라면, 동의만 있었다면, 성매매가 '괜찮은' 이 세상에서 n번방은 그저 수많은 성매매 형태 중 하나일 뿐이라 치부되었을 것이다.

우리는 모두 성매매 안에 있다

닫는 글

지금까지 나는 내 일을 설명해야 할 때에, '여성주의적 가치로 반성매매운동을 한다'고 답해왔다. 하지만 짧지 않은 시간 이 일을 해왔음에도 어느 순간에는 불안하게 흔들린다. 여성주의적 가치판단과 반성매매운동은 영원불멸의 진리명제가 아닌 상황적 윤리에 해당하기 때문이다. 흔들림은 필연적이고 또한 필요하다. 상황적 윤리에 해당하는 일이기 때문에, 스스로 무엇을 하고 있는지 늘 인식해야 한다는 사실을 잊지 않는다. 다만 눈앞에 놓인 매일의 일들을 통해 내가 만들어가고자 하는 그 '무엇'이 존재하며 또 그 '무엇'은 고정불변이 아니지만 내가 옳다고 믿는 입장과 가치에 의해 스스로 선택한 비전이다. 여성주의는 모순을 견디는 힘, 경계를 지우는 행동, 다양성을 추구하는 의지다.

여성인권법으로서 『성매매방지법』을 만들고 싶었고, 여러 부분 안타깝고 부족한 대로나마 법은 제정되었다. 그 과정에서 상담과 지원 활동을 해왔고, 지금은 훨씬 많은 활동가가 성매매 지원 시스템 안에서 함께 하게 되었다. 때로 나는 자조를 섞어 '제도화되었다'라고 말한다. 삶의 변화, 세상의 변화를 꿈꾸고 실천하는 '운동'을 하겠다고 했는데 매순간 참을 수 없는 운동의 가벼움과 현실의 무거움을 맛본다. 상담을 진행하면서 맞닥뜨리는 모순들 앞에서 무너져 내리는 때가 많다. 실천하는 자신의 나약함에도 좌절하지만 가장 큰 무력감은 내가 믿고 행동하던 가치를 의심하게 되는 데서 온다. 하지만 결국 이런 나약함과 무력감이 '성찰적 운동'을 지속하는 토대라고 생각한다. 나는 언제나 옳지 않고, 나의 판단은 최선이 아닐 수 있다. 그럼에도 매순간 그 자리에서 상황적 최선을 생각하려 노력한다.

아프리카의 들판 위, 아사 직전의 소년과 그 소년이 죽기만을 기다리는 독수리. 그러한 모습이 담긴 사진이 있다. 이 사진을 찍은 작가는 그해 퓰리처상을 수상했지만 소년을 먼저 돌보지 않고 셔터를 누르는 3초의 시간을 허비했다는 이유로 많은 비난을 받았다. 그 작가는 36살 나이에 자살했다. 여기서 잘잘못을 가르고 싶지 않다. 서로가 다른 식으로 그 상황에 직면했지만 사진작가나 그 사진을 보고 아픔을 느낀 사람들의 가슴을 움직인 감정은 많은 부분 같은 인간으로서 느끼는 연민, 공감이었으리라 생각한다. 즉물적 자비가 아니라 나를 같이 아프게 만드는 공감. 이러한 감정이 우리로 하여금, 나로 하여금 움직이게 하고, 어떤 일에 동참하게 하게 한다.

상담과 지원 활동은 시혜적 나눠주기가 아니다. 나를 움직이게 하는 동력은 바로 성매매 안의 나, 인간적 취약함과 연약함을 가진 나를 만나는 것이다. 다만 이 보편적 공감 위에 보태어져야 할 것이 있다면 구조적 맥락에 대한 이해다. 이 구조가 인간의 나약함을 어떻게 이용하는지, 특히 성매매 구조에서는 경제적 착취를 어떻게 볼 것인지가 중요하다. 성매매는 우리 사회의 어두운 계급 구조를 집약한 거대한 착취의 시장이다. 성별과 자본과 인맥으로 인간의 급을 나눠 위력을 행사하고 폭력을 정당화하는 산업이다. 이 폭력에서 자유로운 사회 구성원은 없다. 인권과 평등에 대한 의지만 있다면 이 거대하고 뿌리 깊은 폭력의 실체를 직시하기는 어렵지 않다. 성매매는 특수한 별개의 현상이 아니다. 성매매에 대해 알고 이해하기 위해 노력한다는 것은 내가 속한 이 사회를 알고 이해하려 노력한다는 의미다. 모든 것은 연결되어 있고 나도 그 안에 있다.

주

1장

1 ““야동 막아서 성폭행 할 수밖에” ‘n번방’ 피해자 울리는 막말들”, 『아시아경제』 2020.03.24.

2 1962년에 제정된 【윤락행위등방지법】을 폐지하고 2004년 제정된 한국의 성매매 관련 법률은 편의적으로 【성매매방지법】 또는 【성매매특별법】으로 불린다. 이 법은 성매매 알선업자의 처벌을 대폭 강화한 【성매매알선 등 행위의 처벌에 관한 법률】과 성매매 예방과 인권 보호를 위한 국가의 책임을 명시한 【성매매방지 및 피해자보호 등에 관한 법률】로 구성되어 있다. 이 책에서 【성매매방지법】은 이 두 개의 법률을 구분 없이 통칭하는 용어로 사용한다.

3 1955년 신분을 속이고 여성 수십 명과 관계해 혼인빙자간음죄로 피소된 박인수에게 1심에서 권순영 판사는 실제 ‘놀아난’ 여성들이 처녀가 아니라는 이유로 “보호할 가치가 없는 정조는 보호하지 않는다”며 무죄를 선고했다.

4 송기원의 『뒷골목 기행』(1989)에 수록된 목포 성매매 집결지에서 만난 여성에 대한 글을 각색한 연극. 청소년기에 사기꾼에게 걸려 성매매 집결지에 넘겨지고 그곳에서 20년 이상 있었던 여성의 삶을 남성 구매자의 시각으로 전유했다. 저자는 자신의 삶이 올바른 방향으로 나아가는 데 있어 그 ‘늙은 창녀’의 말에 빚졌다고 밝혔다.

5 구성모, “더 자극적, 더 변태적, 더 지능적으로!—기상천외 성매매 신풍속도”, 『신동아』 2014.08.20.

6 “섹슈얼베글라이퉁(Sexual-begleitung)에 대한 탐구”, 『BeMinor』 2010.06.29.

7 2002년 실태 조사에서 한국형사정책연구원은 한국 성매매 시장 매출 규모를 약 24조 원으로 추정했다. 겸업형 성매매 업소에서 1년 동안 성매매로 인해 산출되는 총매출액은 약 16조 5000억 원이며, 여기에 전업형 성매매 집결지의 연간 매출액 1조8000여억 원과 기타 성매매 관련 산업 시장에서 차지하는 비중을 24% 정도로 보아 총 24조 원 정도로 추산, 이는 2002년도 추정 국내총생산(GDP)의 4.1%이며 농림어업의 비중 4.4%(2001년 GDP 기준 대비)에 맞먹는 거대한 규모였다(『성매매 실태 및 경제규모에 관한 전국조사』, 여성부, 2002).

8 강석구·최성락, 『조직범죄단체의 불법적 지하경제 운영실태와 정책대안 연구 2』, 한국형사정책연구원, 2015.

9 대한민국 성매매보고서 "한국 남성 10명 중 4명은 지난해 성매매 했다", 『한겨레21』 2011.11.29.

10 "2013성매매실태 조사③ 성매매 유입 주된 동기 '가출'", 『일간스포츠』 2014.09.30.

2장

1 박정애, 『일제의 공창제 시행과 사창관리』, 숙명여자대학교 대학원 사학과 박사학위논문, 2쪽, 2009.

이밖에도 다수의 연구자가 식민지 시기 일제에 의해 한국에 성매매가 이식되었음을 밝히고 있다. 이는 단지 공창제도만을 의미하는 것이 아니라 유흥업과 카페 등 사창에서의 성매매를 포함한 전방위적인 여성접객업의 성매매화가 이 시기에 이루어졌다는 뜻이다. 야마시다 영애는 일본의 군사문화와 밀접한 연관 속에 뿌리내린 일본식 성매매가 한국에서 어떻게 성매매와 별개로 위안부문제를 일으켰는지를 설명하며(『식민지 지배와 공창제도의 전개』, 1997). 송연옥은 그의 논문에서 "일제가 여성에 관해서 이 땅에 남긴 해독이 두 가지 있으니 하나는 공창제도고 또 하나는 그들이 봉건적인 노예여성관을 유지·연장시킨 것이다"(『개벽』 1946, 3월호)라는 최정석의 글을 인용하고 있다(『대한 제국기의 '기생단속령', '창기단속령': 일제 식민화와 공창제 도입의 준비 과정』, 1998).

2 이나영, 「한국의 '위안부': 뒤얽힌 역사의 뿌리와 여성들의 새로운 도전」 『국가폭력 여성인권 미군 위안부의 숨겨진 진실』, 2015.

3 2000년과 2002년 군산 성매매 업소 화재 참사로 목숨을 잃은 여성들을 추모하는 '민들레

순례단'을 거의 매년 조직해서 다녀오고 있다. 순례단은 몇 차례 군산 외곽에 위치한 '판타스틱 월드'를 답사했다. 1969년 아메리칸 타운으로서 조성된 이 장소는 도심을 벗어나 얼마간 달리다 보면 벌판 한가운데 문득 정말 생뚱맞게 나타난다. 철조망으로 둘러싸인 도시에 줄지어 늘어선 유흥주점과 여성들의 숙소로 이루어진 대규모 숙박 시설 그리고 한가운데 위치한 성병 관리소는 보는 이를 아연하게 하며 여기에 순례단 일행을 위협적으로 바라보는 시선이 위화감을 더했다. 업소들은 오히려 계속 늘어나, 여전히 영업 중이다.

3장

1 A는 당시 기소 중지 상태였다. 나는 진술서를 읽고 또 읽은 뒤 먼저 그를 담당하는 경찰을 만나러 갔다. A에게 도주 의사가 없고 자수하여 조사를 받을 것이며, 업주의 위협에 얼마나 공포를 느끼고 있는지를 설명했다. 그리고 진술서를 미리 전달하여 경찰과 검찰이 A가 처한 상황에 공감하길 바랐다. 매번 이 같은 사건을 조사할 때마다 나는 현재의 성매매 시스템에서 범죄자는 바로 알선업자들이고 그들이 어떤 식으로 법마저 이용하는지를 얘기하고 또 얘기했다. 이를 위해 상담소에서는 성매매 구조를 이해시키고 수사관들이 여성들의 갈취당한 삶에 공감할 수 있도록 상담원 의견서를 쓴다. 여성이 도망가면 업주는 블랙리스트를 돌리고 전국에 그의 정보가 돌아다닌다. 그를 잡아 오면 포상금이 주어지고 그 돈은 선불금에 비용으로 올라간다. 또 이와 별개로 업주들은 선불금 사기로 여성을 고소한다. 보통 여성들은 정확한 주소지가 없다. 10대에 성매매로 유입되는 여성들은 업소를 주소지로 해놓는 경우가 많은데, 업주가 그렇게 하도록 시키기도 한다. 고소를 하게 되면 조사를 받으러 나오라는 통지가 업소로 오도록 하기 위함이다. 업소를 떠나 업주를 고소한 여성들은 통지를 받지 못한 채로 도망자 아닌 도망자가 된다. 경찰에서는 3번 정도 통지서를 보내고 고소인이 출두를 안 하면 검찰에 이를 보고한다. 그러면 검찰에 의해 기소 중지 상태가 된다.

업주들은 법률 관련 지식이 없는 상태의 여성들에게 '기소 때린다'며 수시로 협박한다. 때문에 상담사들은 여성들에게 법률 정보를 충분히 주며 용기를 북돋우고 업주들에 대항할 수 있음을 일러준다. 【성매매방지법】 이전 형사소송 지원은 주로 업주의 사기고소에 맞서 여성이 범죄자가 아님을 호소하는 것이었다. 하지만 법 시행 이후에는 알선업자를 먼저 고소하거나 맞

고소를 진행한다. 업주들의 협박과 위협에서 벗어나려면 그들을 고소하는 것이 유일한 방법이기 때문이다. 업소에서 도망친 여성을 업주가 찾아다니지 않더라도 여성 앞으로 쓰인 차용증과 공증서들은 언제든 그들에게 되돌아와 미래를 위협한다. 업주에게 강하게 대항해 여성들도 법대로 할 수 있다는 걸, 업주들이 오히려 법의 제재를 받을 수 있다는 걸 보여줘야만 했다.

이전 수많은 사례에서 성매매 여성들은 법의 보호를 받지 못하고 업주 편을 드는 경찰들을 보아왔다. 때문에 지원을 통해 경찰과 만나는 과정에서 여성들이 조금이라도 공권력의 도움을 받게 되거나 업주가 제대로 처벌받는 걸 보는 일은 이들에게 큰 용기를 준다. 이런 경험을 통해 부당한 구조 속에서 자포자기했던 여성들은 막연한 공포와 두려움에서 벗어날 수 있다. A는 경찰서에 들어가는 순간 두려움으로 다리가 풀려 주저앉았다. 하지만 그가 썼던 진술서처럼 차분하게 자신에게 일어났던 일들을 얘기했고, 사기 건은 무혐의로 끝났다.

2 강석구·최성락, 『조직범죄단체의 불법적 지하경제 운영실태와 정책대안 연구 2』, 한국형사정책연구원, 2015.

3 "지난해 기업 접대비 무려 8조 3천억", 『경향신문』 2012.09.30.

4 "조현오 경찰청장 "룸살롱 황제 영장, 검찰이 모두 기각"", 『조선일보』 2012.4.27.

5 "누가 이 여인들을 죽음으로 몰았나", 『시사저널』 2010.07.20.

6 포항의 사건이 일어났던 지역의 유흥주점들은 같은 지역에 사는 여성들만을 고용하도록 통제하고 있었다. 유가족들이 좁은 지역사회에서 권력의 우위에 있던 업주들에게 대항하는 건 생존을 위협받는 일이기도 했다. 이 사건을 지원하던 당시와 직후에 포항 지역 유흥주점, 방석집, 보도방 등에서 일했던 여성들의 상담 요청이 엄청나게 늘기도 했다.

7 데이비드 벡스톤, 『낫 포 세일: 현대판 노예제를 고발한다』, 알마, 2016.

8 이후로도 관련 연구는 꾸준히 발표되면서 이와 유사한 분석 결과를 보이고 있다. 성 구매 비경험자와 경험자를 대상으로 한 설문조사를 바탕으로 한 2009년의 연구에서도 성 구매 경험이 있는 남성이 비구매 남성들보다 성 역할에 대해 남성 중심적인 사고를 지니는 것으로 나타났다(이은진, 「성인 남성의 성구매 경험에 따른 성매매와 성 관련 변인에 대한 연구」 『한국심

리학회지』, 2009).

9 “[‘뭉치’가 경험한 성 구매 남성들] 부끄러움 없이 여자 사고 “내 딸 같다””, 『여성신문』 2016.10.05.

10 조중헌, “남성성 규범과 젠더화된 관계성의 측면에서 본 성 구매”, 『젠더리뷰』 2008 여름호, 219-253쪽.

4장

1 Neil Malamuth 외, *the Journal of Interpersonal Violence*, 2015.

2 손정목, 「공창(유곽)이 폐지된 과정」 『도시문제』 제37권 5호, 대한지방행정공제회, 2002.

3 이지민·홍창희, 「성매매 여성들의 복합 외상 후 스트레스 장애」 『한국심리학회지: 상담 및 심리치료』 2018, Vol.20 No.2, 553-580쪽.

5장

1 단, 네바다 주에서는 성매매가 합법이며 뉴욕 주에서도 성매매 합법화에 대한 찬반 논란이 있었다.

2 “Don’t save us, Save our window!” 암스테르담 지방정부가 인신매매 등과 함께 대규모 관광객이 몰려드는 문제를 해결하고자 유리창 성매매 업소를 매입해 폐쇄시키는 정책을 펴온 데 반대하는 성노동자 단체의 구호다.

3 2002년 독일 성매매 합법화에 따른 성매매 여성의 인권 침해 문제가 대두되었고 그 해결을 위해 2017년 7월 1일부터 성매매 여성 보호법이 시행되었다. 새 법에 따르면 성매매 여성은 보건 연관 부서에 상담해 건강 지도를 받아야 하고 일하기를 원하는 주 지역에 등록해야 한다. 에스코트 서비스, 자신의 건물, 길거리, 그 외 모든 형태의 업소에서 일하는 여성에게 이 의무는 적용되며 이들은 일을 시작하기 전에 거주지를 마련해 확인을 받아야 하며 등록을 위해 여권사진 2매, 신분증/여권 또는 신분증/여권 재발급확인서 그리고 최근 건강 상담 확인이 필요하다. 건강 상담 확인 없이 일할 수 없으며, 허가된 등록증 없이 일할 경우 1000유로 이상의 벌금형에 처한다.

기타 규정: ▽콘돔 사용 의무화(업주와 구매자만 처벌) ▽업소는 개업 전 안전장치와 위생 시설에 대한 확인을 받고 허가증을 낼 수 있음 ▽여성들이 휴식을 취할 수 있는 방을 제공하고 밖으로 열리는 문을 꼭 설치해두는 등의 규정 준수 ▽인신매매, 성폭력 전과 등이 있는 자는 업

소를 열 수 없음 ▽여성의 성적 자기결정권을 심각하게 침해하는 수준의 행위를 광고할 수 없음(갱뱅 등 행위의 금지가 아니라 광고가 금지된 것), 이니셜이나 암호로 그러한 행위를 암시하는 광고도 금지 ▽정액제 업소 불허 등.

여성이 건강 상담을 받는 데 30유로, 통역 30유로, 등록 신청 30유로, 등록 과정 통역 30유로, 신분증 발급 수수료 20유로, 21세 미만인 경우 상담 횟수 증가에 따른 비용 문제 등이 제기되었으나, 한편 '핫도그 가게 여는 것보다 쉽다는 등록제에서 허가제로 바뀐 것은 그나마 나아진 것'이라는 평가도 있다.

4 "Should Prostitution Be a Crime?" *The New York Times Magazine* 2016.05.05.

5 "From "Sex Work" Advocate to Survivor Leader: A Journey Embraced" *HuffPost* 2017.05.25.

6장

1 오랫동안 국가가 성매매 산업을 키우고 부추기면서도 '정조를 잃은' '윤락 여성'들을 손가락질하고 '요보호 여성' '윤락 우려 여성'으로 칭하며 이들을 사회적으로 갱생시켜야 할 집단으로 호도했다. 여성들이 사회의 지탄 속에 스스로 타락했다 여기며 윤리적 자기 검열의과 자기 부정의 통제에 갇힌다면, 남성 구매자 집단은 국가가 '허락해준' 성 구매 시장을 감읍하며 전전하면서 역시 이 같은 통제 구조를 수용하게 된다. 성매매를 관리하며 실질적 이득을 보아온 국가와 권력이 낙인과 허용을 오가며 판관으로 자리하는 동안 개별 국민들을 죄인의 위치에 두고 교묘한 통제를 수행해온 것이다.

2 Länsstyrelsen Stockholm, *The extent and development of prostitution in Sweden*, 2014.

3 2009년 악덕 사채업자 조직이 열악한 환경에 놓인 성매매 여성들을 대상으로 일수를 사용하도록 종용하여 고리 이자를 착복했다. 이자 상환이 늦어지면 여성들을 감시하며 성매매를 강요하고 그 자리에서 성매매 대금을 빼앗아갔다. '일'을 쉬는 여성들에게는 언어적·신체적 폭력을 가하고, 여성들을 모아놓고 속옷을 벗겨 돈을 숨겨두지 않았는지 검사하기도 했다. 여성들끼리 서로 감시하도록 종용하고 누군가 도망가면 남은 여성에게 그 빚을 대신 지우고, 도망간 여성을 찾아다니는 데 앞장세웠다. 이 사건의 가해자인 사채업자는 실형을 선고받았다. 가해자 부부는 법정 진술 중 시장에서 포

장마차를 하며 힘들게 산다고 선처를 호소했지만, 법정에 올 때는 외제차를 타고 왔다. 당시의 여느 성매매 업소처럼 이곳 역시 관리 통제가 심하여 여인숙에 소속된 여성만이 일할 수 있었으며 더욱이 사채업자의 눈밖에 나면 이곳에서 영업할 수 없었다. 이후에도 2013년 조직폭력배 라인의 사채업자가 새로 이곳에 들어와 공갈 협박, 성매매 강요 등의 피해 상황이 재발했다.

용어 사전

고정(지정)

정해진 업소에서 지속적으로 출퇴근하며 일하는 여성을 말한다. 텐프로 같은 고급 룸살롱일수록 업주가 손님과 '격이 맞는' '질 높은' 여성을 갖추었음을 업소 이미지로 활용하기 위해 고정을 두는 경우가 많다.

구좌(마담 MT비)

업주가 고용하는 마담들에게 여성들이 지급하는 '마담 월급'의 일종이다. 업주가 고용한 마담이 '아가씨'들을 관리하고 손님을 연결해 가게 매상을 관리하는 중간 관리 비용을 종업원인 가게 여성들에게 전가하는 시스템이 고착되어 있다.

긴밤(숙박손님)

대개 성매매 집결지에서 많이 쓰이는 말로 성 구매자가 10만~20만 원 정도(여성의 나이, 외모 등에 따라 차이가 있음)의 금액을 지불하고 7~8시간을 잠자며 방에 머무른다. 구매자가 들고 날 때 1회씩 총 2회 성매매를 하게 된다. 함께 쓰이는 용어로 '숏타임'은 1회 15~20분의 정해진 시간에 6만~8만 원의 금액을 지불하고 1회의 성매매를 하는 것이다.

나까이

성매매 집결지에서 호객을 업으로 하는 여성을 가리키는 말로, 손님을 '낚는다'에서 유래한 호칭이라고도 한다. 성매매 여성들은 '현관이모'(낮이모/밤이모)라고 부르는데 지역별로 다양하다. 보통 '화대'의 10%를 비용으로 공제받는다.

대딸방

여성이 손으로 남성의 성기를 만져 사정하도록 하는 형식의 변종업소 중 오래된 형태의 업소다. '대'는 '대신' 혹은 '여대생'의 의미로도 쓰인다. 회원제로 영업이 되어 일반적으로 찾아가기 쉽지 않다.

맥양집

'방석집' 항목 참조

방석집

대부분 여러 업소가 밀집해 집결지 형태로 조성되어 있으며 맥주집, 맥주양주집, 맥양집으로도 불린다. 영업 형태는 손님이 오면 그 방에 들어간 여성의 수만큼 맥주 박스를 주문하도록 하고 그곳에서 나체쇼, 변태쇼, 성매매까지 행해지는데 방 안에서 성매매를 하기도 하고 외부 모텔 등을 연계하기도 한다.

보도방

우리말 사전에 의하면 보도방은 '단란주점이나 유흥업소 따위에 술 시중을 들거나 성매매를 하는 여성을 공급하는 업체'다. 즉 술자리에서 '보도를 불러달라'는 것은 여성을 불러달라는 의미다. 업소에서 여성들을 직접 고용하고 관리하는 형태였던 1990년대까지는 소개업이 더 우세했지만 2000년대부터는 그때그때 필요한 인원을 공급하는 보도방이 많아졌다. 성매매 알선에서 소개업소는 단기간이라도 고용의 형태로 업소를 연결하고 소개비를 받는다면 보도방은 필요할 때마다 건별로 여성을 공급하고 수수료를 챙기는 형태다. 이런 소개업자들은 그들이 관리하는 여성들에 대한 통제권을 쥐고 지역과 업종별 영업권역 안에서 업소들과 선불금 '밀당'을 하며, 소규모 업소들의 경쟁이 치열한 지역에서는 보도방 업주들이 담합하여 소개료를 올리거나 갑질을 하는 경우도 많다. 협회 소속이 아닌 보도방을 이용하는 업주를 신고하는 등의 행위도 자주 일어난다. 보도방이 성매매 여성 공급의 대세가 되면서부터는 보도방 업주에 의한 여성 착취·협박 등 사건이 급증했고 2020년에는 보도방을 운영했던 인물이 보궐선거 후보로 나와 문제시되기도 했다. 여성의 몸으로 이윤을 짜내는 데 수단 방법을 가리지 않는 알선업자인 이들은 자신들이 성매매 여성의 안전을 책임지고 많은 돈을 벌게 해준다고 주장한다.

사이즈

여성들의 나이, 얼굴, 몸매를 품평하기 위해 알선자와 구매자들이 사용하는 용어. 여성들은 '사이즈'를 위해 성형수술과 미용에 많은 비용을 지출할 수밖에 없는 구조에 놓인다. 비슷한 용어로 '마인드'는 정성스럽게 서비스를 할 자세가 되어 있고 그런 마음으로 구매자를 대하느냐를 평가하는 기준이다.

선불금

성매매 업소에서 일하는 것을 조건으로 여성이 일을 시작하기 위해 드는 비용을 포함해 여성들에게 미리 지급해주는 돈. 성매매 시장에서 여성을 옭아매는 업주의 주요 통제 수단이 된다. 자세한 내용은 4장 '통제의 구조—선불금' 참조.

안마시술소

'터키탕' 항목 참조

오피(방)

오피스텔 성매매의 준말로 원룸이나 오피스텔로 구매자가 찾아가는 방식으로 운영되며 업자들이 방을 얻어두고 성매매를 알선한다. 여인

숙과 여관 시절 '여관바리'라 불리던 성매매의 요즘 형태라 할 수 있다.

외교

외상 술값을 수금하는 유흥주점의 영업 방식에서 나온 용어다. 업주들이 마담에게 외상 수금 전화를 하라고 시키면 마담은 업주가 전달한 일명 '사인지'를 받아서 전화 수금 업무를 시작한다. 안부 전화 등으로 위장하여 사실상 외상 수금을 마담의 업무로 만드는 일이다. 외교 내용으로는 전화, 손님이 요구할 경우 만나서 식사 대접, 2차 비용 없이 손님들과 성매매를 해야 하는 경우까지도 발생한다. 업소에서는 이를 '외교'로 지칭하여 마담의 고유 업무로 규정하고 있다.

인테리어

삽입 시 자극도를 높이기 위해 남성기 주변에 상처를 내거나 성기 확대 및 성기 주변에 구슬을 박는 수술을 하는 등 남성 성기를 변형하는 것을 말한다.

작업

1. 고정 단골을 만들고 팁이나 스폰 등을 받기 위해 구매자를 유혹하는 등의 행위를 지칭.
2. 업소에서 이루어지는 성매매 행위를 지칭. 동석한 손님이 몇 명이든 여성이 몇 명이든 다 함께 '작업'을 하기도 하고, '작업용' 빈방을 두기도 한다. 이때 업소는 '작업'을 한 여성에게 방을 치우는 비용으로 1만 원을 물리기도 한다. 업주들은 매상 및 손님 유치를 위해 '작업'이 가능하다는 것을 홍보하고 미리 성구매자와 '조건'을 합의한다.

전주(쩐주)

성매매 업소 여성을 대상으로 업주 대신 선불금을 대는 사람으로, 대형 유흥업소 등에서 많이 쓰이는 방식이다. 이때 업주는 돈이 없어 선불금을 못 대는 것이 아니라 해당 여성이 도망을 가거나 경찰 단속에 걸렸을 때 피하기 위한 수단으로 전주에게 선불금을 사채 형식으로 받아 갚도록 하기 위함이다.

진상

손님을 장시간 감당해야 하는 성매매 여성에게 '진상'은 통상의 용례대로 '보기 싫은 사람'에 그치지 않는, 매우 두려운 대상이다. 값을 제대로 치르지 않거나 1차 테이블에서 정도 이상의 추행을 하는 경우, 막말과 욕설을 하는 경우, 2차를 나가서 여성을 업소로 돌려보내지 않는 경우 등 다양하지만 성매매 현장에서는 '진상'으로부터 생명의 위협을 받는 경우가 많다.

쩜오

유흥주점인 룸살롱의 일종으로 텐프로보다 낮은 급수의 업소라는 의미다.

체크

룸살롱이나 보도방 등 고정으로 출근하는 여성들이 있는 업소의 경우 그날그날 2차 가능 여부를 '체크'하는 표가 대기실에 부착되어 있어 출근 시 표시하도록 한다. 선불금이 많거나 지정 손님이 있거나, 손님이 2차를 요구할 때는 체크와 상관없이 거부하기 어려운 구조다.

초이스

성매매 업소를 찾아온 성 구매자에게 가게 '아가씨들'을 진열하듯 줄 세워 보여주고 구매자가 마침내 맘에 드는 '아가씨'를 선택하도록 하는 것. 이 초이스에 일명 '신고식'이 포함된다. 가슴을 보이게 하거나 팬티를 내리도록 하는 등의 모욕적인 행위를 강제한다. 이 같은 '신고식'은 서비스의 일환으로 간주되어 구매자들도 당연시하는 절차처럼 되어 있다.

총알

성 구매 남성들 간의 용어로 성매매 대금이 얼마인지를 공유할 때 쓰는 말이다.

터키탕

목욕탕 성매매 업소로 원조는 일본이다. 왜 터키식 목욕탕이라는 이름이 붙었는지는 불분명한데 해당 국가로부터 공식 항의를 받은 뒤 일본은 '소프랜드'로, 한국은 '증기탕'으로 명칭을 변경했으며 한국 【성매매방지법】 제정 전후 증기탕이라는 간판은 완전히 사라졌고 '안마시술소'가 그 자리를 대신했다. 남성 전용 목욕탕/사우나인 터키탕은 접객원인 여성들이 몸을 씻겨주고 마사지와 성매매를 풀코스로 해주는 곳이었다. 현재의 안마시술소도 욕실에 매트를 설치해놓고 전신 성적 마사지 후 대딸 형식의 유사성매매 1회, 침대로 옮겨 다시 성매매 1회를 포함 약 2시간의 서비스에 15만~25만 원의 비용을 책정한다.

텐프로

'상위10%'에 해당하는 '사이즈'가 좋은 여성만이 있다는 의미에서 '텐프로'라 칭한다. 주로 강남의 유명한 룸살롱 유흥주점이 여기에 해당한다. 텐프로에서 일했던 여성은 '초이스'가 너무 어려워 견디기가 힘들었다고 했다. 빌딩 전체가 하나의 업소로 스텝과 손님이 사용하는 엘리베이터도 나뉘어 있을 만큼 큰 업소에서 일했던 또 다른 여성은 약물을 암묵적으로 강요하는 분위기 때문에 나왔다고 했다. 보통 고정인 여성들이 테이블 서비스를 하고 노래와 춤, 테이블 쇼를 하며 분위기를 맞추는 여성을 따로 둔다. 또 손님이 원하는 경우 2차 성매매를 하는 여성들을 따로 보도방 등에서 불러 '초이스'를 하도록 한다. 이곳에서 일했던 여성에 따르면 테이블 서비스를 하는 고정인 여성들은 '상품가치' 유지를 위해 성매매를 하지 않는 것을 원칙으로 하고, VVIP에게 스폰을 받으며 일종의 '연애'를 한다.

텐프로보다는 규모가 작고 여성들의 수준은 같다는 의미의 '텐카페'가 있는데, 연예인 박유천의 업소 내 성폭력 사건 당시 해당 업소 중 하나이기도 했다.

티켓다방

다방 근무 여성이 차 배달뿐 아니라 일정 금액으로 '티켓'을 끊은 손님과 해당 시간만큼 함께 있도록 하는 성매매 영업 형태다. 여관, 모텔 등에서 '티켓'을 할 경우 대부분 성매매가 이루어진다. 배달 전문 다방의 경우 모텔 등에서 성매매가 이루어지는 경우가 많고, 시내 다방은 대부분 배달만 하거나 홀 영업을 한다. 홀 영업을 하는 다방에서는 오럴, 대딸, 터치 등 유사성매매가 일어나고 있다. 2000년대 초반까지도 청소년 성매매 유입의 대표 업소였던 티켓다방이 최근에는 탈북여성과 이주여성들로 채워지고 있다.

풀살롱

지하에서 1차 후 바로 연결된 모텔, 호텔로 올라가 2차(성매매)를 하는 것의 신조어로 대부분 기업형 성매매 업소가 많다. 혹은 모텔비까지 유흥업소에서 결제 후 지정 모텔까지 태워다주는 것을 포함한 말이다.

풀타임/올풀

성매매 집결지나 방석집에서 많이 쓰이는 용어로 여성과 함께 업소 밖으로 이동할 수 있고 성매매 횟수 제한이 없다. '올풀' '풀'이라고도 한다. 24시간 기준 비용은 100만~150만원 정도지만 흥정에 따라 더 낮은 금액으로도 가능하다. 이동과 시간 부담이 따르기 때문에 여성들은 잘 아는 고정손님일 때만 이에 응하고 싶어한다.

핍쇼

여성들의 나체쇼나 성적 행위를 하는 모습을 보는 일종의 공연형 성매매 업소. 돈을 내고 들어가면 작은 방의 창을 통해 무대를 볼 수 있도록 되어 있다.

황색잡지

성적인 자극을 주는 기사와 사진들을 실은 남성용 성인잡지를 부르는 명칭이었다. 1970~1980년대 유행한 『선데이서울』이 대표적이다(1991년 폐간).

황제관광/황제골프여행

원하는 여성을 '초이스'하여 여행 내내 동행, 서비스, 성매매를 제공하도록 구성된 여행 상품으로 '황제투어' '에스코트 관광'이라고도 불린다. 에스코트 관광보다 여성들의 '사이즈'가 수준이 높다는 홍보의 의미에서 '황제관광' '황제골프여행' 등으로 칭해 여행사들에서 홍보한다.

휴게텔/휴게실

작은 침대들이 놓이고 사이에 커튼 등 칸막이를 설치해 오럴 서비스 등을 제공하는 업소로 '남성 전용 휴게실'이라고도 한다.

MT비

'구좌' 항목 참조

T.C.

'Table Charge'의 준말로 유흥주점에서 손님이 여성의 서비스(접대 행위 등)를 받기 위해 지불하는 돈이다. 보도방의 경우는 시간당으로 책정하고 유흥업소의 경우 손님이 갈 때까지 방에 있는 조건의 금액이다.

성매매, 상식의 블랙홀

1판 1쇄 발행	2020년 9월 2일
1판 3쇄 발행	2021년 6월 14일

지은이	신박진영
디자인	우유니
편집	이두루

펴낸곳	봄알람
출판등록	2016년 7월 13일 2021-000006호
전자우편	we@baumealame.com
트위터	@baumealame
인스타그램	@baumealame
웹사이트	baumealame.com

ISBN	979-11-89623-04-3

이 도서는 중소벤처기업부와 소상공인시장진흥공단에서
추진, 전담하고 서울인쇄정보산업협동조합에서 운영하는
서울을지로인쇄소공인특화지원센터의 우수출판 콘텐츠 제작
지원사업에서 지원받아 제작되었습니다.